퓨처홈

**THE FUTURE HOME
IN THE 5G ERA**

초연결 시대의 집, 새로운 시장을 열다

퓨처홈

THE FUTURE HOME
IN THE 5G ERA

제퍼슨 왕Jefferson Wang · 조지 나치George Nazi
보리스 마우러Boris Maurer · 아몰 파드케Amol Phadke 지음
이종민 옮김

감사의 글

이 책은 하나의 아이디어에서 출발했다. 바로 '미래의 집'이다. 그것을 가능케 하는 기술의 발전 수준을 감안할 때 '퓨처홈'은 얼마든지 가능하지만 아직은 아이디어 수준에 머물러 있다. 뭔가 구체화되지 않은 것이다. 그러나 퓨처홈에 대한 기대는 광범위한 분야의 전 세계 전문가들을 이 주제에 파고들게 했으며 기술과 마케팅, 고객의 차원에서 퓨처홈의 콘셉트를 그려보게 했다. 우리는 이 책에서 이 분야에서 일하는 사람들을 위해 최대한의 비즈니스 조언을 담으려고 노력했다.

먼저 저자들의 팀을 꾸렸다. 우리 네 사람은 각자 다른 관점을 가지고 있으며 업무 배경도 서로 다르다. 누구는 퓨처홈을 기술의 관점에서 들여다보고, 누구는 비즈니스 전략 관점에서 분석한다. 따라서 산업 전략가들과 기술자들, 기대에 부푼 기업가들 ―대부분이 우리의 오랜 고객사들― 과 머리를 맞대고 오랫동안 논의에 논의를 거듭한 결과 최적의 밸런스를 찾게 되었다. 각자 다른 지역과 다른 사업 분야에서 수집한 데이터들이 우리의 분석과 관찰, 결론을 도출하는 데 있어 큰 힘이 되어주었다. 그들 모두에게 한없는 감사를 드린다. 그들의 도움이 없었다면 이 책은 나오지 못했을 것이다.

이 책이 현실이 될 수 있도록 적극 지원해준 액센츄어 동료들에게도 심심한 감사의 뜻을 표한다. 전문가들의 시각으로 가득 찬 이 책이 일반 비즈니스 독자들도 충분히 읽을 수 있게 된 것은 순전히 액센츄어 마케팅팀 덕분이다.

끝없는 사랑으로 지원을 아끼지 않고 책을 쓸 용기를 준 가족과 친구들 모두에게도 감사드린다.

감수자의 글

"Home is where the heart", 즉 "마음 가는 곳이 집이다." 이 책의 첫 시작 문구다. 처음 이 문구를 읽었을 때는 집에 대해 심리학적으로 표현한 것이라 생각했다. 그리고 이 책의 검수를 끝낸 시점에서 이 문구는 단순히 아늑함을 느끼는 심리적인 표현이 아니라 멀리 떨어진 가족과 연결하는 기술, 나를 이해하고 내게 필요한 것을 해주는 곳, 삶을 영위하고 존재가치를 느끼게 하는 공간, 내 모든 자료와 추억 등을 가지고 있는 것이 '집'이 된다는 것으로 다가온다.

이 책의 감수 제안을 받은 것은 코로나 사태가 막 터진 2020년 초였다. 코로나의 확산이라는 전대미문의 사건으로 사람들은 외출과 모임을 자제하고, 학교는 휴교와 더불어 재택수업을, 대부분의 기업에서는 재택근무를 검토하는 단계였다. 학교에 다니던 아이들이 집에서 인터넷으로 수업을 듣고, 출퇴근을 하던 직장인들이 재택근무를 시작하면서 반강제적으로 갑작스레 집에 있는 시간이 많아졌다. 온 가족이 계속 집에 모여 있는 낯선 환경에 어색해하고 적응해가는 상황이었다. 주중에는 각자 생활로 바쁘고, 주말에는 야외로 나가던 우리 가족에게 집은 각자의 방에서 잠을 자고, 아침에만 잠깐 모여 식사를 하는 정도의 의미였는데, 몇 주씩 온 가족이 집이라는 공간에 같이 있다 보니 새삼스레 집의 역할에 대해 많은 것을 생각하던 시기여서《퓨처홈》이란 제목의 책이 매우 인상 깊게 다가왔다.

사실 우리나라에서는 너무 흔한 단어가 되어버린 스마트홈 관련 내용이라니 살짝 뻔한 스토리가 될 것 같은 느낌이었다. 필요한 모든 일은 로봇이 대신해주고 외출 시 자율주행차가 문 앞에 와서 대기하며, 말만 하면 모든 게 이루어지는 등 이미 많은 영화에서 보여준 미래의 집 덕분에 우리에겐 익숙한 모습이다. 하지만 저자를 본 순간 IT 컨설팅, 특히 TMT^{Telecommunication, Media, Technology} 영역에서 항상 상위권에 랭크되는 엑센츄어에서 그간의 조사를 바탕으로 출판을 했다니 어떻게 논리적인 근거를 만들었을지 무척이나 궁금해졌다.

엑센츄어가 쓴 퓨처홈의 모습은 그리 먼 이야기가 아니다. 특히 IT 강국인 우리나라에서는 상당 부분 현실화가 이루어지고 있는 모습이다. 못 믿겠다면 지금 당장 구글 플레이스토어나 애플의 앱스토어에서 스마트홈을 검색해보자. 삼성건설이 출시한 래미안 스마트홈은 이미 출시한지 4년이 다 되어가고, 자이, 아이파크, 롯데캐슬, 푸르지오 등 모든 건설사에서 스마트홈 서비스를 내놓아 경쟁 중이다. 또한 SKT의 누구 스마트홈이나 KT의 기가지니 홈 IoT, LG유플러스의 U+스마트홈 등 통신사들도 각축을 벌이고 있으며, 삼성전자, LG전자 등 대기업부터 보일러 기업인 경동나비엔에 이르기까지 집과 관련된 모든 산업 분야에서 스마트홈 서비스를 하고 있다. 이 정도면 그야말로 스마트홈 전국시대다.

하지만 그 내면을 들여다보면 그다지 유쾌하지만은 않다. 대부분의 스마트홈 서비스들은 단순히 CCTV 화면을 보여주거나 전기사용량을 모니터링하고 관리비를 체크하는 수준에 머물러 있다. 가전제품 제조사들은 자사 제품에 대해서만 서비스를 제공하며, 그마저도 전원을 켜고 끄는 단순한 기능이다. 사용자들의 기대가 너무 큰 것일까? 대부분의 앱에 대한 만족도는 5점 만점에 3점을 넘기지 못하는 것이 현실이다. 그나마 제공하는 기능마저도 잘 안 된다는 사용자들의 피드백은 같은 업계에 몸담고 있는 나의 마음을 아프게 했다.

무엇이 스마트홈에 대한 사용자 경험을 이토록 부정적으로 만들었을까? 아직까지 대중화되지 못한 스마트홈 기기의 비싼 가격이 만든 높은 기대치일까? 기업 이기주의로 인한 데이터 사일로 현상으로 사용자 경험을 발전시키지 못한 것일까? 아니면 어떠한 기술적 장애로 인해 사용자에게 불편함을 유발시키는 부분이 있는 걸까? 이 책에서는 이 모든 것이 원인이었다고 말하고 있다. 이렇게 만들어질 수밖에 없었던 시장 플레이어들의 전략(비록 실패했지만)과 그들의 한계를 명확하게 정리하고 있으며 어떻게 하면 이러한 것들을 극복할 수 있는지에 대한 방향도 제시한다.

저자는 이를 시장, 사용자, 기술 측면에서 복합적으로 분석했다. 시장 측면에서 스마트홈이라는 용어로 단일화되었던 집에서의 기술을 커넥티드홈 – 스마트홈 – 퓨처홈으로 세분화했다. 각각의 단계에서 제공하는 기능과 한계점을 명확히 하고, 궁극적인 목표인 퓨처홈이 제공하는 모습을 다양한 예시를 들어 설명해주었다. 사용자 측면에서는 밀레니얼 세대와 Z세대로 분류되는 젊은 층의 구매 패턴부터 시작해서 고령화 사회에 따른 노년층에 이르기까지 다양한 사회 구성원들의 생활 패턴과 성향, 심리적인 요인까지 분석하여 니즈를 발굴하였고 어떻게 하면 이들을 만족시킬 수 있는가를 여러 가지 모델로 제시했다. 마지막으로는 기술적인 측면에서 각각의 플레이어들의 역할과 한계에 대해 명확하게 분석했다. 집 안까지 네트워크를 연결하는 통신사CSP와 하드웨어 제조사, 플랫폼 사들의 전략과 방향에 대해 정리하고 결국에는 CSP만이 이 복잡하고 유기적인 퓨처홈 시장의 관리자가 되어야 한다고 결론 내린다.

(사)한국스마트홈산업협회의 발표에 따르면 국내 스마트홈 시장은 2017년 15조 원에서 2025년에는 약 31조 원에 이를 것이라 전망한다. 그만큼 사람들의 관심과 기대가 큰 영역이 바로 이 시장인 것이다. 이 책이 비록 정답이 아닐 수도 있다. 하지만 다양한 각도에서 체계적으로 스마트홈 나아가 퓨처홈이 되기 위해 어떻게 접근해야 하는지 명확하게 제시하고 있음은 틀림없다. 수많은 회사가 전쟁을 벌이는 이 시장에 업계 관계자로서 또한 퓨처홈에 살고 싶은 한 사람으로서 다양한 서비스들이 나를 이해하고 편리하게 해줄 행복한 상상을 하며 감수를 마무리한다.

감수자 마이클 강

목차

서문 5G 시대 퓨처홈 그리고 그 너머

1장 퓨처홈에서의 하루

9장　퓨처홈으로 가는 길

5G 시대 퓨처홈 그리고 그 너머

'마음 가는 곳이 집home is where the heart'이라는 말이 있다. 이 오래된 속
담에는 디지털 변혁의 시대에 갈수록 그 의미를 더해가는 강력한 진
실이 담겨 있다. 디지털 변혁은 본질적으로 어디서든 '집에 있다'고 느
낄 수 있음을 전제로 하기 때문이다. 특정한 장소나 환경에 정서적 뿌
리를 두고 있는 한 '집'의 정확한 물리적 위치는 이제 무의미해졌다.

첨단 기술의 시대에 집처럼 편안함을 느끼는가 여부는 한곳에
머물러 있는지 이리저리 옮겨 다니는지와는 별개로, 주로 우리를 둘
러싼 디지털 서비스들이 제공하는 사용자 경험의 질에 의해 좌우된
다. 예를 들어 그런 디지털 서비스들이 끊김 없이 언제 어디서든 제공
돼 거실 스크린에서 보던 영화를 친구들과 저녁 식사를 하려고 오른
자율주행차 내부의 스크린에서 중단이나 불편 없이 이어서 계속 시
청할 수 있다면, 사방이 벽으로 둘러싸인 공간에 있든 아니면 네 바
퀴 위에 올라타 있든 상관없이 '집처럼' 편안함을 느끼게 될 것이다.

이 책에서 우리는 고정된 주거지라는 집에 대한 전통적 견해가

머지않아 '어디든 내 집 같은at home is everywhere'이라는 새로운 소비자 사고방식으로 완전히 대체될 것으로 전망한다. 이 같은 전망의 핵심에는 나에게 맞는 실내 온도와 청정한 공기, 좋아하는 전등갓, 오락과 교육 그리고 안방 공간, 운동과 건강 관련 기기, 출입문 보안 장치, 냉장고 안 내용물에 이르기까지 우리에게 집을 의미하는 그 무엇이든 끊김 없고 지능적인 첨단 기술을 통해 우리가 가는 곳마다 뛰어난 품질로 재현될 것이라는 생각이 깔려 있다. 자율주행차, 휴가지, 관광 크루즈선, 심지어 친척 집에 잠깐 머무는 동안에도 마찬가지다. 집의 의미는 결국 온종일 우리를 감싸는 외피로 변화하게 될 것이다.

　연결성connectivity이 현재 어느 정도 수준에 이르렀는지 생각해보자. 지금 우리는 초연결hyper-connectivity 시대를 향해 전속력으로 돌진하고 있는 형국이다. 사회 전반에 걸친 광범위한 디지털 변혁은 꼬리에 꼬리를 물고 등장하는 연결성 기술들을 통해 평범한 사물들로 이뤄진 세상을 흔히 만물 인터넷internet of everything이라고 불리는 지능형 물체들이 상호 연결된 세상으로 변모시키고 있다. 이런 변화가 우리의 사회생활에 선사하는 혜택은 실로 엄청나다. 모바일과 디지털 기술 덕에 이미 우리는 엄청나게 먼 거리에서도 서로 연락을 주고받을 수 있게 됐다. 멀리 떨어져 있는 사람들의 순간과 기분, 건강을 살피고, 전 세계 거의 모든 곳에서 함께 일하며, 심지어 연애도 할 수 있다. 지난 수 세기 동안 우리에게 '집'을 의미했던 공간은 신기술 기반의 고도로 개인화된 서비스들로 이뤄진 유동적인 초연결 생활 방식으로 탈바꿈하기 시작했다.

퓨처홈:
초연결 생활의 구심점

이처럼 흥미진진한 신세계를 표현하기 위해 우리는 '퓨처홈future home'이라는 용어를 만들어냈고, 이 책의 제목도 그렇게 붙였다. 우리는 여기서 퓨처홈의 의미를 '끊김 없이 이어지고, 최고 수준의 품질을 갖춘 진정으로 삶의 질을 높여주는 디지털 서비스를 마침내 제대로 구현하는 집'으로 매우 구체적으로 규정한다.

　　우리가 퓨처홈의 실현이 임박했다고 판단하는 근거는 무엇일까? 집이 지능적으로 인식하고 이해하고 예상하고 예측하면서 적절한 선택지를 스스로 결정하거나 사용자에게 제공할 수 있을 만큼 성숙한 기반 기술들이 점점 더 많아지고 있기 때문이다. 이 신기술의 중심축에 바로 5G 무선 기술표준이 있다. 5G의 특징은 초저지연(고신뢰 기반 저지연ultra-reliable low-latency), 초고속(초광대역 무선 이동통신enhanced mobile broadband), 초연결(광범위한 사물 인터넷internet of things)로 이 기술이 모든 혁신 기반 기술을 통틀어 퓨처홈의 가장 큰 원동력이 될 것이다. 또한 인공지능AI과 엣지 컴퓨팅, 고급 데이터 분석도 우리가 상상하는 놀라운 사용자 경험을 구현해줄 것이라는 점에서 마찬가지로 중요하다. 이 기술들은 5G 무선 기술표준의 연결성이라는 날개를 달면서 퓨처홈에서 그 가능성의 정점에 도달할 것이다.

　　'집에 있다'는 느낌은 인간에게 언제나 중요한 의미를 지닌다. 때문에 이 기술들은 퓨처홈을 각계각층 사람들을 위한 고도로 디지털화한 생활 방식의 구심점으로 변화시킬 것이다. 퓨처홈에서 우리는 원격 진료를 받고, 교사와 학생이 홀로그램으로 수업을 하며, 디스플레이 할 수 있는 주변의 모든 표면이나 모니터를 통해 서비스에 접속하게 된다. 첨단 홈 테크놀로지는 언제나 우리보다 한발 앞서 생각하므로 갑작스러운 도로 공사로 길이 막혀도 이를 미리 확인해서 중요한 업무 회의에 늦지 않게 해주고, 당신의 생일을 며칠 전에 미리 인지한 지능형 부엌이 초대한 친구들에게 가리는 음식이 있는지 문의한 뒤, 이들의 답변을 토대로 개개인의 선호에 맞춘 맞춤형 음식을 꼭 필요한 만큼만 자동으로 준비해 줄 것이다.

새로운 시장에서의 성공을 위한
로드맵과 핵심 역량

퓨처홈 생활에 대한 이런 전망을 토대로 이 책은 홈서비스의 가치사슬을 구성하는 다양한 분야에서 새롭게 떠오르는 시장을 최대한 활용할 수 있게 해줄 현실적인 비즈니스 전략을 제시한다. 그중에서도 실제 비즈니스 종사자들이 퓨처홈의 구현을 위해 극복해야 할 장애물들이 무엇인지 함께 보여주며, 이 새로운 시장의 기회를 가치와 수익으로 바꿀 수 있는 로드맵과 필요한 핵심 역량을 소개한다.

우선 '보통 사람'의 하루를 잠시 엿보는 것으로 퓨처홈의 모습을 들여다보자. 1장에 소개된 사람은 끊임없이 디지털 서비스의 도움을 받고 있다. 이 사람의 하루를 보면, 퓨처홈이 거주자의 물리적 위치에 구애받지 않는 초연결 생활의 구심점이 될 것이라는 우리의 견해를 생생하게 입증해준다.

이어 우리의 관점을 뒤집어 하나의 가능한 생활 방식 차원에서 그림을 더욱 확대해 첨단 홈 테크놀로지의 도움을 받아 변화하게 될 퓨처홈 거주자들의 삶의 양상을 아우르는 포괄적인 유형을 제시한다. 따라서 2장에서는 최근의 사회인구학적 추세와 함께 가족, 독신자, 청소년, 노인 등 다양한 상황에 처한 퓨처홈 사용자들의 태도와 사고방식에 온전히 초점을 맞췄다. 여기서 독자들은 한 가지 중요한 원칙을 깨닫게 될 것이다. 퓨처홈 시장에 진입하려는 기업은 먼저 인간의 필요와 욕구, 꿈에 집중해야 하며, 그런 다음 이 같은 인간적 요구사항에 부합하는 기술 스택stack을 만들어야 한다는 사실이다. 지금까지는 유망 기술이 인간이 안고 있는 문제에 대한 해결책에 치중한 나머지 대규모 사용자 수요를 촉발하지 못하는 경우가 너무 잦았다. 이 책의 핵심 원칙 중 하나는 필요나 욕구를 무시한 채 신기술의 경이로움을 사람들에게 강요하지 않고 철저히 인간 중심적인 태도를 견지하는 것이다.

3장에서는 2장에서 언급한 사고방식 중 두 가지를 좀 더 상세히 살펴보겠다. 하나는 가정생활을 들여다보는 창을 제공하고, 또 다른 하나는 첨단 홈 헬스케어 서비스의 개략적인 모습을 보여준다. 이는 퓨처홈 테크놀로지가 각양각색의 퓨처홈 사용자들의 요구에 맞춰 지능적으로 대응할 수 있어야 하며, 퓨처홈 밖에 있는 서비스 제공자 그리고 다른 퓨처홈과도 서로 정보를 주고받을 수 있어야 한다는 사실을 명확하게 보여준다.

풍부한 경험을 제공하는 홈서비스: 여전히 걸림돌이 되는 낮은 기술 수준

현재의 커넥티드홈의 사용자 경험은 —아직 '스마트홈'이라고 부를 만한 수준이 아니므로 이 단어의 사용은 피하겠다— 여전히 초보적 수준에 머물러 있다.● 4장에서 제시한 바와 같이 현재 커넥티드홈은 '어디든 내 집 같은' 경험에 전혀 미치지 못한다. 게다가 커넥티드홈의 원시적일 만큼 굼뜬 속도는 닭이 먼저냐 달걀이 먼저냐의 문제에서 비롯된 것으로 보인다. 우수한 품질에 풍부한 경험을 제공하는 고객 서비스 없이는 첨단 홈 테크놀로지에 대한 욕구가 생겨날 리

● 저자는 이 책에서 IoT가 적용되는 집의 발전 단계를 '커넥티드홈 - 스마트홈 - 퓨처홈'으로 정의하고 있다. 커넥티드홈은 홈 디바이스가 인터넷에 연결되어 있는 수준을 말한다. 인터넷 전화, IPTV, IP 카메라 등 다양한 기기들을 인터넷에 연결해서 사용할 수 있지만, 기기들이 개별적으로 동작한다. 반면 스마트홈은 연결된 기기들을 통합 관리하고 설정된 동작을 원격으로 명령할 수 있는 수준을 의미한다. 삼성의 스마트싱스 Smart Things 서비스나 LG의 씽큐ThinQ와 같이 연결된 모든 기기를 플랫폼을 통해 모니터링하고 제어할 수 있다. SKT의 누구Nugu와 같이 스마트 스피커를 통해 IPTV를 켜고 보고 싶은 영화를 찾으며, 피자를 주문하는 것 등이 대표적이다. 퓨처홈은 사용자가 명령을 내리지 않아도 AI가 스스로 사용자의 상태를 파악해서 기기를 조절하고 미리 준비해주는 단계를 말한다. 현재는 커넥티드홈 단계를 넘어서 스마트홈 단계로 진입하고 있으나 아직 시장이 대중화되지는 않은 단계.

없지만, 수요 없이는 퓨처홈 개발의 동력이 될 비즈니스 사례도 만들어지지 않기 때문이다.

기술적인 관점에서 보면 현재의 커넥티드홈은 전체를 관장하는 통합 체계 없이 포인트 투 포인트point-to-point• 방식의 디바이스 솔루션들이 난립한 상황에 발목 잡혀 있다. 달리 말해 현재 커넥티드홈은 설정이 무척 번거로운 데다 홈 디바이스들이 하나로 어우러져 작동함으로써 진정 우리에게 도움이 되는 끊김 없는 상호 연결성과 상호 운용성을 구현하지 못한다. 이런 단절이 특히 커넥티드홈 기술이 저평가되고 수요 확대가 가로막히는 요인이다. 따라서 퓨처홈 시장의 도약을 위해서는 지금보다 훨씬 더 뛰어난 서비스 품질과 함께 기술 통합이 필요하다.

느린 속도와 기기 간 통합 부족 외에도 커넥티드 기기의 높은 가격과 함께 현재 집에서 사용하는 근거리 무선 통신 기술인 와이파이Wi-Fi, 블루투스, 지그비Zigbee, 지웨이브Z-Wave 등의 서로 다른 기술 표준이 뒤섞이면서 발생하는 연결성의 파편화 문제가 퓨처홈의 출현을 지체시키는 현실도 되짚어볼 필요가 있다. 아울러 새롭게 등장한 5G 무선 기술표준이 사물들을 변화시켜서 막대한 이윤을 창출할 퓨처홈 시장의 강력한 통합자이자 촉진자의 역할을 할 것이라는 사실도 보여준다.

• 두 장치를 일대일로 직접 연결하는 방식으로 구현이 쉬운 장점이 있지만, 다른 여러 장치와의 데이터 교류는 어렵다.

데이터 보안:
통신 서비스 사업자의 비교우위 요인

우리는 그 어디보다 집에서 더 기술과 친밀하게 상호 작용한다. 그래서 기술에 기반한 개인정보 보호와 데이터 보안은 물론 AI의 윤리적 기준이 퓨처홈만큼 중요한 곳은 없을 것이다. 현시대 가장 큰 화두이자 퓨처홈 시장 출현의 결정적 변수 가운데 하나인 이 중요한 문제에 5장 전체를 할애했다. 이미 몇 차례 뚫린 방어벽, 데이터 유출, 해킹, 그 밖의 데이터 오류는 사용자 신뢰와 첨단 기술 수용에 있어 분명 엄청난 악영향을 미칠 수 있다. 따라서 데이터 보안과 개인정보 보호는 AI의 윤리적 행동과 함께 비즈니스 사례로서 퓨처홈의 성패를 좌우할 가늠자라고 할 수 있다.

　우리는 사용자에게 자신의 정보에 대한 절대적 주권을 부여해야 하며, 통신 서비스 사업자Communications Service Providers, CSP(이하 CSP)와 플랫폼 제공업체, 기기 제조업체, 클라우드 서비스 제공업체와 퓨처홈 생태계 관련 서드파티 업체들이 이런 문제에 맞서 홈 테크놀로지를 강화할 수 있도록 엄격하면서도 보편적인 보안 표준의 수립을 위해 노력해야 한다고 믿는다. 소비자 신뢰와 관련해서는 무선 네트워크 운영업체나 기존 전화회사, 케이블 네트워크 업체 같은 CSP가 지난 수십 년간 심각한 데이터 침해사고 없이 막대한 양의 민감한 사용자 데이터를 다뤄온 경험이 있는 유일한 집단인 만큼 퓨처홈을 이끌 적임자라고 보는 데 무리가 없다. 더구나 CSP는 5G 네트워크를 도입한 주체인 만큼 퓨처홈의 주요 기반 기술 중 하나를 통제하게 될 것이다.

성배: 소비자 권리 수탁자로서 데이터 관리의 통합

그렇다면 기술적 일관성이 결여된 오늘날, 퓨처홈이 절실하게 요구하는 통합의 역할을 수행하기에 최고의 적임자는 누구일까? 역시 CSP다. 다른 어떤 기업도 이처럼 높은 신뢰를 쌓고, 수백만 명의 최종 사용자와 원활한 관계를 유지하며, 핵심 통신 인프라 운영 경험을 장기간 축적해오지 못했다.

그러나 퓨처홈 시대에는 CSP도 기존 방식으로는 더 이상 고객의 요구에 부응할 수 없다. 근본적인 혁신을 통해 더욱 민첩하고 혁신적이면서 고객 요구에 즉각 대응하는 조직으로 거듭나야 한다. 그렇지 않을 경우 삶의 개선을 위한 사용자 서비스 및 관련 데이터의 통합 관리자라는 경제적으로 매력적인 위치를 차지하지 못할 것이다. 근본적인 경영 개혁 없이는 상당수 CSP가 플랫폼 방식으로 운영되는 기업들에 그 영광스러운 역할을 빼앗기고 말 것이다. 6장에서는 이러한 전면적 개혁을 위해 필요한 사항들을 제시한다.

타성과 기술적 난관,
경직된 사고방식의 극복

또 한 가지 분명한 사실은 퓨처홈이 데이터를 중심으로 구축될 것이며, 그 데이터의 양은 실로 어마어마하고 집 안 곳곳에 정보가 흘러넘칠 것이라는 점이다. 따라서 홈 테크 관련 기업들은 개방적 태도로 홈 테크 플랫폼을 만들어내거나 기존 플랫폼에 참여해야 한다. 인사이트를 끌어낼 수 있는 수준까지 사용자 정보를 축적한 플랫폼만이 성장할 수 있으며, 결국에는 이 인사이트가 풍부한 경험을 제공하는 홈서비스의 자양분이 될 것이다.

이 책에서 특별히 주목한 기업 집단인 CSP의 입장에서 이 문제는 아마도 생존의 문제로 다가올 것이다. 지금까지 부서 간 칸막이가 높게 처진 수직적 조직 구조 안에서 하드웨어와 연결성을 제공하는 데만 주력했던 까닭에 대다수 CSP는 여전히 퓨처홈의 데이터 흐름을 책임질 주요 관리자이자 위반 단속 요원이 될 준비를 갖추지 못하고 있다. 이제는 지난 수십 년간 수행해온 전통적 역할처럼 데이터 인프라를 관리하는 것만으로는 충분하지 않다. 퓨처홈의 통합 관리자로서 CSP가 수행할 새로운 역할의 특징에 대해서는 7장에서 자세히 살펴보겠다.

전반적으로 보면, 배타적인 홈 디바이스 제조사들이 데이터를 저마다 폐쇄적으로 가둬두는 관행이 심각한 문제를 일으켜왔다. 지금까지 이 같은 행태는 상호 협력을 통한 끊김 없는 서비스 제공뿐 아니라 집 전체가 변화하는 사용자 요구에 따라 서비스를 지능적으로 학습하고 개발하는 데 필요한 정보를 기기들이 공유하지 못하게 가로막으면서 풍부한 경험을 제공하는 홈서비스의 탄생을 방해해왔다. 그런 수준에 도달하려면 아직 멀었지만, 퓨처홈이 제공하는 수십억 달러 규모의 비즈니스 기회가 이 전도유망한 시장에 조화와 상호 운용성, 협력의 증진을 도모할 근거로 작용하기를 희망한다. 퓨처홈 시장을 둘러싼 생태계에 참여하는 모든 관련 업계와 파트너가 사용자 경험의 개선을 위한 표준화된 데이터의 홈 솔루션 내 공유라는 개념을 열린 자세로 받아들여야 한다.

이 책의 후반부에서는 낡은 기술과 경직된 비즈니스 방식의 장애물을 극복할 방법을 모색한다. 8장에서는 CSP를 비롯한 생태계 구성원들이 퓨처홈 기기와 서로 다른 서비스 간, 그리고 관련 하드웨어 및 소프트웨어 제공업체 간 데이터 단절data silence을 극복하기 위한 전략을 집중적으로 다룬다. 이 부분에서 우리는 사용자 경험 개선을 목적으로 하는, 유익하고 풍부한 경험을 제공하는 홈서비스를 위해 관련 생태계 참여자들이 활용할 수 있는 공동의 표준 데이터 저장소data reservoirs 설립의 필요성을 강조하고자 한다.

마지막으로 9장에서는 새롭게 부상하는 퓨처홈 시장이 성공을 향해 나아가는 여정에서 유념해야 할 주요 전략 요소와 전환점을 관련된 모든 분야 종사자들이 빠르고 유용하게 참고할 수 있도록 짧게 간추려 제시한다. 이 책은 CSP 부문에 국한하지 않고 퓨처홈 생태계 내의 다른 모든 기업에 동일한 관련성을 갖는다. 기기 제조업체와 플랫폼 제공업체, 앱 디자인 업체, 소매업체나 의료 또는 엔터테인먼트 업체처럼 퓨처홈 거주자들에게 상품과 서비스를 제공하는 관련 업체들이 이에 해당한다.

결론적으로 관련 기업 모두에 전하고자 하는 메시지는 퓨처홈 시장이 먼 미래의 일이라고 생각될지 몰라도 상황이 곧 변화할 것이며, 그 변화는 급격하게 이뤄질 것이라는 점이다. 5G 기술은 퓨처홈에서 어마어마한 기회의 신세계를 만들어냄과 동시에 이에 적응하지 못하는 기업은 도태되는 리스크를 안겨줄 것이다. 우리는 이 책에서 그 기회를 활용하고 위험을 피할 방법을 제시하고자 한다.

미리
보기

이 책의 핵심 개념인 퓨처홈은 현재 집의 디지털화 수준과는 근본적으로 차원이 다른 개념이다. 불과 몇 년 뒤면 사람들은 지능형 디지털 기술의 집중 지원을 받는 생활 방식으로 변화된 삶을 살게 될 것이며 '집'이란 모든 곳을 의미하게 될 것이다. 식사 준비부터 아이 돌보기, 원격 근무까지 모든 일에서 기술이 영원한 동반자이자 훌륭한 조력자가 될 것이다. 지금까지 누구도 경험하지 못한 세계가 열릴 것이므로 그 작동 방식을 상세히 분석하기 전에 잠시 짬을 내서 다가올 미래상을 살펴볼 필요가 있다. 이 장에서는 퓨처홈의 예고편을 살짝 공개하고자 한다.

1장
퓨처홈에서의
하루

The
Future Home
in the 5G Era

북반구에 위치한 어느 거대도시의 화요일 오전 6시 30분. 글로벌 보험 회사에서 선임 손해사정사로 근무하고 있는 41살의 존 센츄어가 일어나기 30분쯤 전이다. 존은 독신이다. 그가 잠든 디지털 침실의 지휘 통제 노드node는 태양열로 작동하는 커튼을 천천히 열고 있다. 커튼이 열리자 외부의 빛 밝기와 항상 정확하게 일치하는 침실 붙박이 등이 서서히 밝아온다. 감미로운 음악이 희미하게 들려오기 시작하더니 존의 심장 박동 수와 일치하는 박자의 음악 소리가 차츰 커진다. 햇살이 침실 안까지 밀려들자 시시각각 그의 움직임을 감지하는 첨단 센서 잠옷을 입은 존이 깊은 잠에서 끌려 나와 졸린 얼굴로 싱긋 미소 짓고 있다.

침대와 잠옷, 웨어러블 기기로부터 데이터를 받은 침실 노드가 존을 위해 최적의 기상 시간을 계산해둔 터였다. 이 계산 과정에서 침실 노드는 아파트 퓨처홈 시스템의 이동성 노드에서 전달받은 뉴스를 감안해 사람이 가장 편안함을 느끼는 수면 단계인 존의 렘Rapid

Eye Movement, REM(급속 안구 운동)수면을 분석해서 기상 시간을 재설정했다. 평소 존이 출근할 때 이용하는 자율주행 버스가 오늘은 운행하지 않는다는 내용이었기 때문이다.

모든 문제가
해결된 삶

이는 퓨처홈이 거주자를 위해 내리는 많은 결정 가운데 하나에 불과하다. 만일의 상황에 대비해 퓨처홈은 존을 30분 정도 일찍 깨워서 평소와 다른 길로 출근할 수 있게 여유 시간을 벌어주었다. 철도역까지 걸어간 다음 지하철을 타고 발보아파크역까지 네 정거장을 가는 경로다. 존이 잠자리에서 일어나 창밖을 내다보자 퓨처홈의 중앙지휘 통제 노드가 자동으로 오늘 날씨와 하루 일정, 바뀐 출근 방법을 증강현실을 이용해서 유리창에 띄운다. 그러자 집에서 지하철역까지 걸어가는 경로가 시각화돼 펼쳐진다. 퓨처홈이 알려준 정보가 100퍼센트 신뢰할 수 있는 내용이라는 것을 존은 이미 알고 있기 때문에 이런저런 선택지들을 불안하게 저울질할 필요도, 예기치 않은 상황에 적응하느라 애를 먹을 필요도 없다. 퓨처홈이 문제들을 예측해서 간단한 문제는 발생하기 전에 바로잡고, 좀 더 복잡한 문제는 사전에 적절한 선택지를 제공하기 때문이다. 2년 전 이 집으로 이사온 이후 직접 경험하며 쌓아온 신뢰다.

'나 홀로 집에'와
'친구들과 함께'를 동시에

오전 7시. 집을 나서려면 아직 한 시간이 남았다. 운동 장비와 스마트 안경을 착용한 존은 스트리밍된 가상 운동 모임에 접속한다. 가상 체육관에서 만나 매일 함께 운동하는 존과 두 친구는 반갑게 인사한다. 그들이 운동을 시작하자 퓨처홈은 서로의 경쟁심을 높이기 위해 각자 집에서 운동하고 있는 상대방의 칼로리 점수판을 보여준다. 운동은 개인 맞춤형으로 준비되는데, 존은 얼마 전 삐끗한 손목이 완전히 아물지 않아서 신체 활동 노드는 팔굽혀펴기 대신 하체 운동에 집중하는 게 낫겠다고 조언한다. 존이 오늘의 '칼로리 챔피언'이 되자 시스템은 그가 한 운동의 하이라이트 영상을 준비한 뒤 존이 좋아하는 음악에 맞춰 그의 점수를 공개한다. 시스템이 존에게 함께 운동한 세 사람이 모두 알고 지내는 친구들과 연결된 소셜 미디어 플랫폼에 이 영상을 올려도 되는지 물어보자, 존은 "그래"라고 대답한다.

24시간 대기 중인
개인 비서

아침 운동을 끝낸 존은 욕실로 가서 양치질을 한다. 퓨처홈 시스템이 실내 온도를 2~3도가량 끌어올린 뒤 존이 원하는 수온에 맞춰 샤위기를 튼다. 욕실 바닥 한 편에 설치된 체중 센서가 존의 몸무게를 감지한 뒤 데이터를 욕실 노드로 전송한다. 존이 세운 다이어트 목표에 여전히 약간 미달한 수치가 나오자 욕실 노드가 주방 노드에 데이터를 전달하고, 주방 노드의 알고리즘이 존에게 남은 한 주 동안 마실 모닝커피에서 설탕을 덜어내는 게 어떤지 물어본다. 존이 목표 체중에 도달하도록 돕기 위해서다. 존이 샤워를 끝내고 나오자 지능형 옷장이 그날 존의 일정표에 있는 회사 일정과 개인 약속을 참고해서 옷 두 벌을 보여준다. 존이 둘 중 하나를 선택하는 동안 방마다 연결된 스마트 스피커가 아침 뉴스를 읽어준다.

오전 7시 30분. 존이 주방으로 들어온다. 로봇 팔이 아침 식사를 준비해서 조리까지 마친 상태다. 존이 주말에 해변으로 휴가를 떠나기 전까지 이번 주 안에 마지막 500그램을 뺄 수 있게 영양소와 칼로리 섭취량의 균형을 맞춘 식단이다. 패턴 매칭 기술과 머신러닝 machine learning, 자연어 처리 기술을 이용해서 적기에 적절한 정보를 제공하는 존의 AI 비서AI assistant는 존의 행동을 학습해서 그가 오늘 첫 회의 상대로 만나게 될 —보험 계약에서 지진 관련 보장 조항을 삭제하길 원하는— 고객에 대한 추가적인 정보를 존에게 제공할 가장 적절한 타이밍이 언제인지 알고 있다. 그래서 존이 달지 않은(목표 체중 때문에 아쉽게도 설탕을 넣지 않은) 첫 커피를 마시자마자 한 달 전에 이 고객과 가진 마지막 만남을 담은 홀로그램 영상이 그의 앞에 펼쳐진다. 당시 회의는 존의 사무실에서 디지털 홀로그램으로 캡처됐다. 참석자 모두가 회의록 작성 대신 디지털 기억 캡처를 허용하는 개인정보 이용 정책에 동의했기 때문이다.

혼자서도
제 할 일 하는 집

아침 식사가 끝나자 주방이 거실로 변하면서 가구가 다른 용도로 바뀌고 공간 배치도 재조정된다. 벽에 불이 켜지고 존의 AI 비서가 오늘 예정된 집안일 점검표를 보여준다.

- 항목 1: 자동 진공청소기가 카펫 청소를 한 뒤, 대걸레 모드로 변경해서 타일 청소를 할 예정이다.
- 항목 2: 화분에 매일 주는 양만큼 물을 주고, 한 달에 한 번 하는 비료 처리를 할 예정이다.
- 항목 3: 빨래 바구니 용량이 거의 다 차서 퓨처홈이 세탁물을 세탁, 건조, 개기 전에 영상 분석을 통해 색상과 섬유 유형, 옷의 모양에 따라 세탁물을 좀 더 정확히 분류하라고 했지만, 오후 9시 이후 에너지 사용이 더 저렴하다는 점을 알려줘서 빨래를 그때까지 미루기로 한다.
- 항목 4: 봄의 첫날이라 꽃가루 수치가 평소보다 높아 새 알레르기약을 주문하고, 오늘 택배 보관함에 배송될 예정이다.
- 항목 5: 퓨처홈을 나서기 전에 존은 건강 노드가 주치의와 보험

회사에 치료법을 잘 준수하고 있다는 확인 메시지를 보내 월 보험료 할인 혜택을 받을 수 있도록 매일 복용하는 비타민과 혈압약을 먹으라는 알림을 받는다.

출근길도 집처럼 편안하게

오전 8시 15분. 존이 문을 닫고 집 밖으로 나서자 주택 보안 노드가 자동으로 문을 잠그고, 집을 에너지 절약 모드로 전환한다. 퓨처홈이 걷는 시간을 10분으로 추산했기 때문에 오전 8시 30분 지하철을 타기에는 시간이 충분하다. 걸어가는 동안 존이 즐겨 듣는 팟캐스트와 함께 경로 안내가 코끝에 걸친 스마트 안경으로 스트리밍된다. 증강현실 기능이 가장 빠른 경로를 존이 걸어가는 길 위에 실시간으로 덧씌워 보여주며 지하철역까지 안내한다.

역에 도착하자 스마트 안경이 곧바로 존을 정확한 호선은 물론 빈자리가 있는 지하철 칸이 서게 될 플랫폼 승차지점으로 안내한다. 존이 지하철에 탑승해 자리에 앉자 팟캐스트가 다시 이어서 재생된다. 하지만 오늘 방송이 재미없다고 느낀 존이 안경을 살짝 밀어 올리자 안경알이 어두워지면서 주변 환경을 차단해주는 몰입형 가상현실 장치로 바뀐다. 존은 집 거실을 본뜬 디지털 복제본으로 들어가서 가상 벽에 걸린 대화면 TV로 실시간 멀티 플레이어 비디오 게임을 즐기기 시작한다. 오늘 아침 함께 운동했던 그의 친구들도 자율주행차로 아침 출근을 하면서 실시간으로 게임에 참여한다. 비디오 게임을 하는 동안 이들은 서로 대화를 나누며 내일 아침 어떤 운동을 하고 싶은지 투표도 한다. 화면 왼쪽 하단에 작은 캐릭터가 불쑥 나타나서 지하철이 2분 뒤에 발보아파크역에 도착할 예정이라고 존에게 알려준다. 필요할 때마다 증강현실 기능을 작동할 수 있는 스마트 안경을 존이 코 아래로 밀어 내리자 곧바로 안경알이 밝아지면서 평범한 안경으로 다시 바뀐다. 지하철에서 내린 존은 스마트 안경의 길 안내를 받으면서 사무실로 향한다.

근무 중에도
집에 있는 것처럼

핫데스킹hot-desking●은 이제 사무실에서 새로운 표준이 됐다. 자리뿐만 아니라 사무실도 매일 바뀐다. 고용주들이 가장 저렴한 사무실 공간을 변동 요금제로 임대함으로써 비용을 최소화하기 때문이다.

존의 스마트 안경은 그를 오늘 근무 장소인 사방이 투명 유리창으로 둘러싸인 약 3평 정도의 멋진 사무실로 안내한다. 새로 바뀐 사

● 유연좌석제 또는 자율좌석제로, 지정된 자리가 있는 게 아니라 자유롭게 자리 선택이 가능한 사무환경을 말한다. 국내에서는 스마트 워킹이나 스마트 오피스란 용어로도 많이 쓰인다.

무실이지만 들어서는 순간 근무를 위한 모든 것이 이미 준비돼 있다. 퓨처홈 시스템이 그가 언제 사무실에 도착하는지 존이 집을 나선 뒤 계속 존의 위치와 행동을 모니터링해온 덕분이다. 회사 사무실이 곧바로 익숙한 집의 작업 공간으로 탈바꿈하면서 돌아가신 아버지와 반려견의 모습이 담긴 탁상용 액자 사진을 보여준다. 컴퓨터 시스템도 이미 가동 준비를 마친 상태로 존이 재킷을 옷걸이에 걸자 오늘 첫 고객 미팅을 위한 파일들이 열린다. 존은 물리적인 모니터나 키보드, 책상에 얽매이지 않는다. 그가 필요로 하는 파일 종류에 따라 가상 벽과 유리창에 비교와 추천을 위한 관련 프레젠테이션과 스프레드시트가 채워진다. 존이 가벼운 손짓만으로 스프레드시트를 여닫고 프레젠테이션 화면을 이리저리 움직인다.

첫 미팅과 전화 통화를 무사히 마치고 나니 12시 점심시간이다. 늘 그렇듯 균형 잡힌 식단이지만 오늘 아침 지하철역까지 10분을 더 걸었기 때문에 순 단백질 함량을 약간 높인 식사가 배달된다. 퓨처홈이 전부 알아서 처리한 것이다. 존이 한입 먹자마자 데이트 사이트에 올린 자기소개 코너에서 알림 메시지가 온다. 그와 마음이 맞는다고 생각한 누군가가 가상 커피 데이트 신청을 한 것이다. 존은 이를 수락한다. 이 모든 과정은 스마트 안경을 통해 이뤄진다. 딱딱한 정장 차림이라는 사실은 문제 될 게 없다. 디지털 홀로그램으로 가상 커피 데이트를 하는 것이기 때문에 원하는 대로 옷을 골라 갈아입을 수 있다. 존은 베이지색 면바지에 새 운동화 그리고 몸에 꼭 맞는 짙은 파란색 셔츠를 선택했다. 얼마간 유쾌한 대화를 나눈 뒤 존과 상대방은 다음 데이트에서는 직접 만나기로 약속한다. 기쁜 마음으로 존은 곧바로 다시 업무를 시작하며 남은 하루를 보낸다.

물리적 거리에 제약받지 않고 관계 유지하기

오후 6시 30분. 존은 퇴근 후 집에서 휴식을 취하고 있다. 해가 뉘엿뉘엿 질 무렵 어머니에게서 화상 전화가 온다. 존은 스마트 안경을 다시 가상현실 모드로 바꾼다. 20년 전 오늘이 존의 아버지가 위암으로 세상을 떠난 날이어서 옛날 생각이 난다며 전화를 한 것이다. 어머니는 존에게 가상 산책을 하러 가자고 한다. 존의 어머니는 존과 수백 마일 떨어진 자신의 집에 살고 있지만, 홀로그램을 통해 두 모자는 함께 존이 어린 시절을 보낸 가로수가 늘어선 교외 거리로 이동한다. 거리와 주변 모습은 아버지가 세상을 떠날 당시 모습 그대로다. 어머니가 아버지에 관한 이야기를 들려주자 존이 아버지의 기록을 어머니와 함께 볼 수 있는지 묻는다. 어머니가 동의하자 두 사람 앞에 아버지가 세상을 떠나기 전에 그들을 위해 남긴 가상의 메시지들이 홀로그램으로 나타난다. 이를 보면서 존은 내일은 누구에게도 보장된 것이 아니라는 사실과 어떻게 사랑하는 사람을 갑자기 잃을 수 있는지 그리고 근처에 살지 않아도 여전히 어머니와 이렇게 시간을 보낼 수 있다는 것이 얼마나 행운인지에 대해 생각하게 된다.

미리
보기

퓨처홈의 개인 생활에 대해 살펴본 바와 같이 5G 기반 퓨처홈의 개념을 이끄는 원동력은 기술이 아니라 기술을 통해 점점 더 충족시킬 수 있게 되는 인간의 욕구와 갈망이다. 이 새로운 습관과 선호들은 가변적이어서 생애 단계나 가족관계, 나이에 따라 달라진다. 그러므로 디지털 변혁과 초연결 생활의 시대에 소비자들의 다양한 사회인구학적 지형을 파악하는 일은 필수적이다. 이번 장에서는 미래의 초연결 생활을 구현할 5대 메가 트렌드를 확인하고, 이 새로운 세상에서 맞닥뜨릴 8가지 각기 다른 사용자 사고방식에 대해서 살펴보겠다.

2장
초연결 시대의
소비자 욕구

The
Future Home
in the 5G Era

디지털 변혁의 시대에 '집'이라는 단어는 다양한 정서를 내포하고 폭넓게 해석되는 용어가 됐다. 어떤 의미를 부여하든 집은 일상생활의 개인적 중심이자 정서적 구심점이라는 지극히 긍정적인 의미를 간직하고 있다. 때문에 우리는 '집에 있다'는 느낌이 종래의 물리적 거주 범위에 국한되지 않고, 궁극적으로 거의 모든 장소로 확장되리라는 과감한 기대를 품게 된다.

초연결 생활을 구현할
5대 메가 트렌드

퓨처홈과 관련된 개념, 물리적 현실 그리고 기술에 대한 더 깊은 분석을 위해서는 인간과 집의 관계를 새롭게 규정하게 될 5대 메가 트렌드가 무엇인지 살펴볼 필요가 있다. 이를 바탕으로 5G 기술이 구현하게 될 퓨처홈의 적용 사례와 비즈니스 모델에 대한 초기 아이디어들을 선별해낼 수 있다. 이에 대해서는 3장부터 더 자세히 다룰 예정이다.

하나: 일상의 초연결화와 초개인화

사회 전반에 걸쳐 진행 중인 디지털 변혁의 물결로 인해 일상의 삶이 급속도로 변화하고 있다. 빠르게 발전하는 기술을 통해 인간이 사물과 타인에게 초연결돼가고 있는 것이다. 자동차와 전구, 가전제품 그리고 심지어는 뇌파와도 밀접하게 연결되기 시작했다. 이것이 우리의 출발점이다. 이처럼 연결되는 사물과 디지털 대용품이 끊임없이 증가하면서 인간과 온갖 종류의 기기가 더없이 촘촘하게 연결되는 디지털 네트워크의 원년이 열리고 있다. 글로벌 시장조사기관인 IDC^{International Data Corporation}에 따르면 2025년 41억 6천만 개의 커넥티드 IoT 기기에서 79.4제타바이트^{ZB}(1제타바이트는 1조 1천억 기가바이트)의 데이터가 생성될 것으로 전망된다.[1]

이 '만물 인터넷' 시대는 생활 방식 전반과 우리가 업무와 여가를 계획하는 방식에 심대한 영향을 미친다. 그런데 문제는 가정생활과 의료, 일과 여행 등 다양한 영역이 점점 더 인간의 삶과 연결되고 있는 것과 반대로 영역 간에는 종종 서로 연결되지 않는 경향을 보인다는 점이다. 기술적으로 이 영역들은 현재 각각 고립된 채 발전하고 있으며, 소비자들은 이런 일관성 없는 서비스들이 빚어내는 혼란으로 인해 자주 애를 먹는다. 영역 간 연결을 통해 풍부한 경험과 초개

그림 2.1 커넥티드 서비스 간 상호 연결: 사용자 중심 접근

초연결 서비스 간의 상호 배타성

커넥티드홈

이동 수단

의료

일

융합적이고 사용자 중심적인 생활 방식

퓨처홈

자율주행차

원격 의료

스마트 워크

핵심 신기술 요소

5G · 5G

엣지 컴퓨팅

eSIM · eSIM

AI · AI

핵심 신기술 요소 퓨처홈은 최근 많은 혁신 기술이 대중화 단계에 접어든 덕에 비로소 실현될 수 있게 됐다. 5G 무선 기술표준 곁에는 5G가 퓨처홈의 핵심 조력자 역할에 부합하도록 도와주는 3가지 주요 보완 기술이 있다. 엣지 컴퓨팅, eSIM, AI로 이 세 기술 모두 지능형 소형 기기가 초저지연으로 반응할 수 있게 해준다.

인화된 생활 서비스를 제대로 연계하고 실제로 제공하기 위해서는 기기들이 현재 계속해서 발전을 거듭하며 적용되고 있는 5G와 엣지 컴퓨팅, eSIM^{embedded SIM}, AI 같은 기술과 조화를 이룰 필요가 있다.

생활 방식이 점점 더 초연결화되면서 사람들의 이동도 전보다 훨씬 더 증가했다. 일 때문이든 여가를 위해서든 우리는 방 안에서 책상을 오가거나 집이나 건물 안에서 방을 오가거나 아니면 도시와 지역, 국가와 대륙을 오가는 등 끊임없이 위치를 바꾸고 있다. 이 과정에서 노트북이나 스마트폰, 헤드폰, 스마트워치 같은 소형 기기의 도움을 자주 받는데, 이 기기들이 일상생활을 관리하는 지휘본부가 되어가고 있다는 점을 감안하면 많은 사람들이 이 기기들을 이미 일종의 집으로 여기기 시작했는지도 모른다.

연간 최대 35일을 휴가와 여행으로 보내는 젊은 세대들이 이 같은 추세를 가장 잘 대변한다.[2] 그들은 그 작은 기기만 있으면 어느 곳에서든 자신의 일상을 불편함 없이 영위해 나간다. 그 결과 집의 개념이 더 이상 고정된 벽과 개인 공간에 국한되지 않고 커넥티드 디지털 기술의 강력한 지원을 받아 일이나 여가를 해결하는 역동적이고 기동성 있는 환경을 포괄하는 더 확장된 개념으로 진화되었다.

둘: 퓨처홈의 주 설계자 밀레니얼 세대와 Z세대

두 번째 메가 트렌드는 사용자 경험과 소비 습관, 기술적 선호에 관해 전혀 새로운 사고방식을 가진 세대의 출현이다. 1980년대부터 2000년대 중반 사이에 태어난 밀레니얼 세대와 이들보다 더 어린 Z

세대가 바로 그들이다. 두 세대 모두 개인적 선호와 이동 양상, 특정 기술 스택과 홈서비스 설정 등을 통해 퓨처홈의 주 설계자이자 건설자로 자리매김할 전망이다.

2019년 미국에서는 밀레니얼 세대가 8천만 명에 육박하면서 베이비붐 세대를 제치고 최대 규모의 성인 집단이 됐다. 전 세계적으로 보면 이러한 변화 추세가 더욱 뚜렷하다.[3] 14억 명의 밀레니얼 세대가 지구 곳곳을 누비면서 1994년 이후 전 세계에서 가장 많은 인구수의 집단이 됐다.[4]

인구수 외에 이 연령대의 사회인구학적 특성은 무엇일까? 무엇보다 밀레니얼 세대와 Z세대는 도시 거주를 압도적으로 선호하는 데다 가까운 장래에 가장 구매력이 높은 소비자 집단이 될 전망이다. 현재 전 세계적으로 인구가 30만 명 이상인 도시의 수는 1,860개다.[5] 이 도시들은 점점 더 팽창하고 있는데, 주된 원인이 밀레니얼 세대의 도시 중심 생활 방식 때문이다. 현재 33개인 인구 1천만 명 이상의 메가시티는 2030년이면 43개로 늘어날 것이다.[6]

이렇게 단위 면적당 거주하는 인구수가 많아지면 사람 간에 더욱 신속하고 신뢰성 있는 협력 관계가 요구되고, 이는 자연스럽게 일상생활을 좀 더 체계적으로 정리할 수 있는 더 많은 홈 테크놀로지 개발로 이어진다. 즉, 도시 중심 생활 방식을 추구하는 새로운 세대가 대단위 아파트 단지나 소규모 아파트로 모여들면 이곳에 사는 사람들이 점점 더 늘어나면서 난방이나 수도, 전기, 연결 네트워크 같은 주요 서비스들을 더 많이 공유하게 될 것이다. 따라서 개인 주택뿐만 아니라 한 지붕 아래 모여 사는 아파트 단지나 도심 주택가 같은 군집 생활을 위한 매력적인 홈 테크놀로지 솔루션을 찾아내야 할 필요가 있다. 많은 경우, 퓨처홈 기술은 일부 스마트 시티 기술과 중첩이 불가피할 것으로 보인다.

그렇다면 이 새로운 세대의 구매력은 어떻게 변화할까? 미국의 노동시장에서 밀레니얼 세대는 지난 2016년 최대 규모의 집단이 됐다.[7] 이 같은 추세는 다른 많은 나라에서도 뚜렷해지고 있다. 이런 이유로 세계 데이터 랩World Data Lab은 2020년을 기점으로 전 세계적으로 밀레니얼 세대의 구매력이 다른 어떤 세대보다 강력해질 것으로 보고 있다.[8] 그렇게 되면 필연적으로 이 연령대가 다른 모든 세대보다 주도적으로 퓨처홈의 기술 활용과 비즈니스 사례를 형성하고 규정하게 될 것이다.[9]

밀레니얼 세대와 Z세대를 퓨처홈의 주도 세력으로 규정짓는 세 번째 특징은 두 세대 모두 정도의 차이는 있지만 디지털 네이티브(태어날 때부터 디지털 환경에서 자란 세대 - 옮긴이)라는 사실이다. 밀레니얼 세대 후반부에 태어난 사람들은 2007년 6월 최초로 대중화된 스마트폰인 아이폰이 출시될 당시 어린아이였다. 그래서 이들은 홈 테크와 홈서비스를 매우 디지털적인 시각에서 바라본다. 일례로 이 세대 중 많은 이들은 주택을 구매할 때 실제로 주택을 방문하는 대신 가상 체험을 통해 집을 둘러보고 산다. 부동산 대출을 받을 때도 은행 담당자와 직접 만나지 않고 스마트폰으로 대출을 신청한다.[10]

마지막으로 새로운 세대는 서비스 품질에 관한 한 이전의 어떤

세대보다 더 까다롭다. 글로벌 경영 컨설팅 업체인 액센츄어Accenture
가 26개국 소비자 2만 1천 명을 대상으로 실시한 설문조사 결과, 커
넥티드홈 서비스를 갖추고 있거나 구매 예정인 사람들의 71퍼센트
가 CSP로부터 커넥티드홈 솔루션을 구입하고 싶어 하는 것으로 나
타났다.[11] 그뿐만 아니라 55퍼센트는 현재 집에 설치된 유선 기반 서
비스의 연결성 경험이 떨어져서 1년 안에 CSP[12]를 바꿀 계획인 것으
로 드러났다. 이 같은 조사 결과는 CSP가 새로운 세대의 소비자들을
잃지 않으려면 이들을 지금보다 훨씬 더 잘 이해해야 한다는 사실을
보여준다.

밀레니얼 세대와 Z세대의 요구사항을 충족하는 과정에서 형성
될 퓨처홈의 엄청난 비즈니스 기회는 의료 등의 분야에 연결성을 제
공하는 차원을 훨씬 넘어설 전망이다. 액센츄어가 실시한 설문조
사에서 응답자의 49퍼센트가 홈 헬스케어 서비스를 받는 방편으로
CSP를 선택할 것이라고 답했다.[13] 30퍼센트는 퓨처홈 환경에서 운영
가능한 가상 진료를 원했으며, 원격 모니터링 기능과 화상 진찰에 대
한 관심도 매우 높았다.[14] 젊은 세대들은 또한 탄탄한 디지털 역량을
갖춘 의료 서비스 제공업체를 선택하려는 경향이 훨씬 더 높아서 검
사 결과를 모바일 또는 인터넷으로 조회하는 서비스(밀레니얼 세대의
44퍼센트가 이를 선호한 반면, 베이비붐 세대의 선호는 29퍼센트에 그쳤다), 전
자 처방전 서비스(42퍼센트 대 30퍼센트), 온라인 진료 예약·변경·취
소(40퍼센트 대 19퍼센트) 등을 제공하는 업체를 선호하는 것으로 나타
났다. 그뿐만 아니라 밀레니얼 세대와 Z세대는 현재 1차 의료기관(보

건소, 의원 등 단일 과목을 진찰하는 의료기관 – 옮긴이) 의사에게 받는 대면 진찰 대신 원격 의료 상담과 치료 등 비전통적 의료 모델을 원하는 경향이 특히 강했다. 새로운 세대들은 이미 리테일 클리닉retail clinic(대형마트, 슈퍼마켓, 약국 등에 위치해서 감기 치료와 예방접종 등 간단한 진료를 하는 의료기관 – 옮긴이)(41퍼센트)이나 가상 의료 서비스 제공업체(39퍼센트) 등 새로운 형태의 일상적 의료 서비스를 시험하고 있다.[15]

이 세대들이 대변하는 변화는 이게 다가 아니다. 한 예로 이들은 업무 외 시간을 훨씬 더 중요시하는 것으로 나타났다. 이 세대에 대해 미국 백악관[16]이 조사 발표한 보고서에 따르면 X세대나 베이비붐 세대에 비해 이 집단의 대다수는 여가 시간을 갖길 원하고 사물을 경험하는 새로운 방법을 찾아내는 등 일과 삶의 균형을 소중하게 여기는 것으로 드러났다. 밀레니얼 세대와 Z세대는 인스타그램과 페이스북, 유튜브, 위챗, 스냅챗 같은 소셜 미디어와 함께 자란 최초의 세대로 이들은 여가 시간의 상당 부분을 소셜 미디어상에서 경험하고 공유하는 데 사용하기를 바란다.

밀레니얼 세대와 Z세대는 앞선 어떤 세대보다도 변화무쌍한 소비자 기대를 가지고 있다. 글로벌 소매기업 60곳을 대상으로 조사한 결과, 액센츄어는 40퍼센트 가까운 기업이 밀레니얼 세대의 고객 충성도 부족을 가장 큰 우려사항으로 꼽고 있음을 발견했다.[17] 그러나 이들을 좀 더 깊이 이해하려고 노력해보면 밀레니얼 세대와 Z세대도 충성 고객으로 만들 수 있다. 단, 이는 어디까지나 이들을 합당하게 대우하고 개인화된 제품이나 서비스를 지속적으로 제공했을 경우에 한한다. 이들은 서비스 제공자나 브랜드와 편리하게 소통할 수 있는 방법을 원하는데, 소셜 미디어나 채팅창을 통한 소통을 가장 이상적으로 여긴다. 이 점은 소매기업뿐 아니라 모든 종류의 퓨처홈 서비스 제공자에게도 마찬가지일 것이다.

따라서 집은 향후 20여 년에 걸쳐 전통적 커넥티드홈 서비스 차원을 훌쩍 뛰어넘어 고령화와 의료, 사회적 소통, 지역사회 관계, 구매, 여행, 육아와 일까지 영역을 확장한 초연결 서비스 허브로 발전하게 될 것이다.

셋: 급속한 고령화와 집에서 노후를 보내려는 욕구

교육과 삶의 질 향상 및 의료의 발전에 힘입어 전 세계가 더 오랜 수명을 누리고 있다. 2019년 UN 세계인구 전망 보고서에 따르면 전 세계 65세 이상 인구는 2020년 9.3퍼센트에서 2050년 15.9퍼센트로 늘어날 전망이다.[18] 참고로 2020년 전 세계 65세 이상 인구는 7억 2,700명을 넘어설 것으로 보이는데, 이는 중국과 인도에 이어 세계 3번째로 인구가 많은 나라를 이룰 수 있는 수치다. 훨씬 더 충격적인 것은 2050년이면 전 세계에서 65세 이상 인구가 15억 명이 넘을 것이라는 사실이다.

고령화 문제를 이미 빨간불이 켜진 의료 시스템과 결합해서 생각해보면, 에이징 인 플레이스ageing in place는 노년층에게 매력적인 선택이 될 수 있다. 에이징 인 플레이스란 고령자가 요양원이나 양로원 등 공공 의료 시설에 들어가지 않고 자신의 집이나 정든 지역사회에서 최대한 오래 계속 살면서 노후를 보내는 것을 말한다. 미국 은퇴자협회American Association of Retired Persons가 2018년 진행한 설문조사를 보면 고령자의 76퍼센트가 가능한 한 오래 현재 거주지에 머물고 싶어 했다.[19]

전 세계는 이런 인구통계학적 변화에 대비해서 의료와 사회 제도를 개편하는 데 중대한 도전에 직면하게 될 것이고, 디지털 기기의 지원을 받는 노년의 건강과 복지의 중요성이 급격히 증가하면서 모든 종류의 서비스 제공업체들에게 대규모로 성장하는 시장이 열릴 전망이다. 이 같은 추세는 우리가 규명하게 될 다른 모든 사회학적 메가 트렌드와 마찬가지로 홈 테크놀로지의 기술적 진보를 이끌어낼 주요한 원동력으로 작용할 것이다. 우리의 조사에서 확인된 바와 같이, 젊은 세대는 앞으로 의료 서비스의 대부분을 집에서 받기를 원한다. 그러므로 에이징 인 플레이스가 실현되기 위해서는 모니터링과 마음의 평안, 의료 서비스를 고령자의 집으로 불러들여서 집을 퓨처홈으로 변모시켜야 한다. 퓨처홈은 고령자들이 멀리 떨어져 있는 친척들과 지속적으로 연락을 취하고, 뇌세포 간의 연결을 강화하기 위한 일상적인 지적 활동을 늘리며, 한발 더 나아가 고령자들이 사회에 다시 기여할 수 있는 방법을 찾음으로써 새로운 삶의 목표를 발견하는 데 도움을 주는 등 원격 보건이나 원격 의료의 실현 이상의 일을 해낼 것이다.

그림 2.2 고령화하는 세계[20]

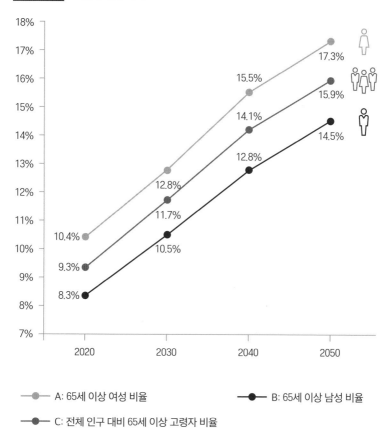

		2020	2030	2040	2050
	A: 65세 이상 여성 비율	10.4%	12.8%	15.5%	17.3%
	B: 65세 이상 남성 비율	8.3%	10.5%	12.8%	14.5%
	C: 전체 인구 대비 65세 이상 고령자 비율	9.3%	11.7%	14.1%	15.9%

넷: DIFM의 부상과 DIY의 감소

AI 비서나 앱, API(운영체제와 응용 프로그램 사이의 통신에서 사용되는 언어나 메시지 형식을 규정하는 응용 프로그램 인터페이스 – 옮긴이), AI, 센서, 모바일 접속처럼 우리가 즐겨 사용하는 디지털 서비스와 기술들이 인간의 욕구를 예측하는 능력이 갈수록 향상되면서 디지털 서비스 경험을 보다 풍성하고 즉각적으로 만들어주고 있다. 때문에 네트워크의 속도와 지연시간latency, 품질이 개선될수록 기대치도 훨씬 더 높아질 것으로 예상된다. 이는 서비스에 대한 소비자의 기준을 더 까탈스럽고 더 변덕스럽게 만들 것이다. 가정용 서비스의 경우 특히 더 그렇다.

이와 함께 'DIYDo It Yourself(내가 직접 하기)'에서 'DIFMDo It for Me(나 대신해줘)'으로 태도를 바꾸는 소비자들이 생겨나고 있다. 자동 로봇 진공청소기에 청소를 맡기고, 가구 회사에 추가 요금을 내고 배송과 조립을 해달라고 요청한다. 따끈한 음식을 집까지 배달해주는 배달 서비스에 가입하고, 앱을 이용해서 나 대신 개들을 산책시켜줄 사람을 찾는다. 브리티시컬럼비아대학교와 하버드대학교 비즈니스스쿨이 공동 수행한 현장 실험 결과, 시간을 절약해주는 편의 서비스에 40달러를 지출한 사람이 물건 구입에 40달러를 지출한 사람보다 실제로 더 큰 만족감을 느끼는 것으로 드러났다.[21]

하지만 여전히 현재 우리가 살고 있는 커넥티드홈은 DIFM을 선호하는 미래가 아닌 DIY를 선호하는 사람들을 위해 만들어졌다. 우리는 커넥티드 온도조절 장치 설치법에 관한 영상을 15분 동안 본

다음, 실제 장치를 설치하는 데 30분에서 60분 정도 더 시간을 쓴다. 새로 구매하려는 스마트 도어락이 우리가 이미 구입한 스마트 스피커와 연동되는지 확인하기 위해 이것저것 알아보고 깨알 같은 글씨로 된 설명서를 읽는 데 시간을 들여야 한다. 스마트 조명기구 역시 설정을 위해 앱을 다운로드하는 데 시간을 써야 하고 그러고 나서도 만약 정전이 돼 패스워드 설정이 지워지게 되면 복잡한 와이파이 비밀번호를 재입력해야 한다.

5G 기반 퓨처홈의 대중화를 위해서는 이 같은 문제를 해결해야 한다. 5G 기반 퓨처홈은 추가 설정 없이 즉시 이용 가능한 형태로 구현될 것이다. DIFM 소비자들은 머지않아 이런 문제들로 인해 발생하는 아주 짧은 지연조차 눈치챌 수 없을 만큼 즉시 실행되는 끊김 없는 서비스를 요구하게 될 것이다. 그들에게 있어 홈서비스는 사용자의 추가 설정이 전혀 필요 없는 '바로 되는 것just there'이다. 부품 조립이나 복잡한 신원 확인 절차도 필요 없다. 하지만 그 대신 사용자가 어떤 도움이 필요한지 구체적으로 밝히지 않아도 홈서비스가 한발 앞서 판단하고 선제적으로 사용자의 욕구를 충족시킬 수 있어야 한다는 엄청난 기대를 떠안게 될 것이다. 물론 가치 지향적인 소비자 집단, 즉 직접 행동하면서 배우려는 소비자 집단은 늘 존재하기 마련이지만, 퓨처홈이 대규모 상용화를 위한 간극을 뛰어넘는 데 성공하려면 DIFM 사고를 가진 소비자 집단을 우선 고려해서 설계해야 한다.

다섯: 퓨처홈에서 따로 또 같이

'따로 또 같이alone together'는 단순한 모순어법일까 아니면 우리가 처한 새로운 현실일까? 인간은 본래 사회적이며 우리가 맺는 관계는 원활한 의사소통을 바탕으로 한다. 의사소통의 핵심을 파헤쳐보면 그 본질은 메시지를 전달하고, 전달한 메시지가 상대방에게 가닿는 것이다. 여기서 중요한 것은 상대방이 그 메시지를 이해하는 것이다. 즉, 우리 모두 누군가가 우리의 말을 들어주고 이해해주기를 바란다.

문제는 누구나 할 이야기가 있지만, 당신 앞에 늘 신뢰할 만한 사람이 있어서 당신의 이야기를 듣는 동안 당신을 비난하지 않고 이야기를 받아들이고 이해해준다는 보장은 없다는 사실이다. 기술은 우리가 서로 다른 부류의 사람들, 종종 우리 앞에 없는 사람들과도 관계를 맺을 수 있게 도움을 주고 있지만, 이로 인해 정작 우리 주변 사람들과는 소통하고 관계를 맺지 않는 상황이 자주 발생하고 있다.

기술은 이러한 원초적인 인간 본성에 부합하기보다는 함께 사는 사람들조차 서로 갈라놓아서 이들이 서로에게 관심을 갖기보다 외부 세계와 원격으로 접촉하는 데 더 치중하게 만드는 경향이 있다. 가족이나 친구들과 한 방에 있지만, 고개를 들어보면 각자 자기 앞의 스마트폰 화면을 뚫어져라 쳐다보고 있었던 적이 얼마나 많았는가? 이것이 바로 '따로 또 같이' 보내는 시간이다. 누구도 말을 건네거나 시간을 내서 관심을 기울이고 공감하며 경청하지 않는다면 단지 사람들에게 둘러싸여 있다고 해서 외로움을 덜 느끼는 것은 아니다. 기술이 우리를 다른 사람들과 연결해주었는지는 몰라도 그 연결이 바로 우리 주변에 있는 사람들과 나눌 대화를 대체해버렸다. 그대로 내버려 둘 경우 이런 상황은 외로움이라는 유행병을 만들어낼 수도 있다.

퓨처홈의 사용자 경험과 서비스 설계의 혁신적 활용을 통해 기술이 가진 본래 경향을 거슬러서 작용하게 만드는 일은 사회적·경제적으로 엄청난 가치를 띠게 될 것이다. 퓨처홈이 '따로 또 같이' 있는 시간을 측정해서 가족끼리 얼굴을 맞대고 대화하거나 심지어 직접적인 갈등을 조정하는 데 도움이 되는 방법을 찾아낸다고 상상해보라.

보다 일반적인 관점에서 보면, 다음 세대가 퓨처홈의 성공 여부를 평가할 때 퓨처홈이 우리의 사회생활을 대체하기보다는 사회생활을 지원하고 증진하는 역량이 있었는지 뒤돌아보고 판단할 것이다. 현재의 일반적인 집처럼 퓨처홈도 거주자에게 사회적 의미를 제공해야 한다. 이는 궁극적으로 가족, 친구, 지인과 소통하고 이들과 긴밀한 관계를 유지하는 데 뿌리를 두게 될 것이다. 이 점이 바로 우리가 진행하고 있는 '거주자들이 집에 대해 갖는 인식'에 관한 연구에서 도출한 중요한 발견이다.

집에 대한 사람들의
8가지 사고방식

오늘날의 기술 주도형 DIY와 파편화된 커넥티드홈에서 인간 중심 솔루션에 주안점을 둔 DIFM 기반 퓨처홈으로 전환함에 있어 무엇보다 중요한 것은 극복해야 할 과제와 이를 대비하기 위해 키워야 할 역량을 갖추는 일이다.

이 책에서의 퓨처홈 개념은 인간을 중심에 놓고 있다. 그래서 사람들이 집에서 무엇을 가치 있게 생각하는지, 현재 커넥티드홈 현실에서 발견할 수 있는 새로운 인간 행동 패턴은 무엇인지, 그리고 사람들이 '집'이라는 단어와 맺는 관계의 변화를 어떻게 하면 더 잘 파악할 수 있는지를 이해하기 위해 액센츄어가 연구[22]한 내용을 살펴보면 집과 기술에 대한 태도가 사람마다 명확하게 구분된다는 사실을 발견할 수 있다.[23] 이 같은 분류에 대한 이해는 사람마다 욕구가 어떻게 다른지 그리고 서로 다른 욕구가 미래에 어떤 궤적을 그리게 될 가능성이 높은지 파악함으로써 기업들이 퓨처홈 시장에 내놓을 제품과 서비스를 고객 성향별로 정확히 맞춤 개발할 수 있도록 도와줄 것이다.

그 결과, 집에 대한 서로 다른 태도가 X축(**그림 2.3** 왼쪽)에 드러났다. 왼쪽 끝에는 집을 개인 브랜드의 열정적 투영으로 여기고 스스로 보기에 가슴 설레고 집을 방문한 사람들에게 감동을 주는 공간으로 꾸미길 원하는 '과시파showstoppers'가 있고, 반대쪽 끝에는 안락함과 기능적 편안함, 가족의 안전을 우선시하는 보다 신중한 성향의 '안정파nestler' 유형이 있다.

이 범주를 보완하기 위해 우리는 새로운 기술에 대한 인지와 수용 정도를 기준으로 별개의 수직축(**그림 2.3** 오른쪽)을 찾아냈다. 이 새로운 범주의 위쪽 끝에는 제품과 서비스의 얼리어답터로 늘 최신 기

그림 2.3 집과 기술에 대한 4가지 태도

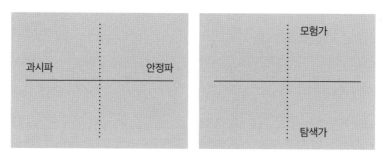

과시파와 안정파 액센츄어가 퓨처홈 사용자의 성향을 세분화해서 도출해낸 두 가지 사고방식으로 퓨처홈 시장에 해당되는 양극단의 성격을 보여준다. 보다 외향적인 과시파 유형이 집을 자신의 개인 '브랜드'를 나타낼 기회로 여기는 반면, 좀 더 신중하고 내향적인 안정파 유형은 집에서의 사생활과 편안함을 가치 있게 생각한다.

탐색가와 모험가 기술에 대한 소비자 태도의 양극단을 보여준다. 모험가가 최신 제품과 서비스를 시험 사용해보는 것을 좋아하는 얼리어답터 유형이라면, 이와는 완전히 반대 성향의 탐색가는 진정한 가치나 필요를 발견해야 제품에 관심을 보인다.

술사용에 자부심을 느끼는 '모험가explorers'가 있고, 아래쪽 끝에는 사람들이 신기술을 잘 사용하는 것을 확인하고 나서야 이를 받아들이고 그 안에서 가치를 발견하는 성향의 '탐색가navigators'가 있다.

이 두 축이 교차하면서 만들어낸 영역에서 우리는 뚜렷이 구별되는 8가지 사고방식을 발견했다. 이 사고방식들은 집에 대한 서로 다른 태도와 인간 행동을 대변한다. 연구는 이 사고방식들을 두 개의 주요한 생애 단계에 따라 한 번 더 분류했다. 자녀가 있는 경우와 자녀가 없는 경우다.

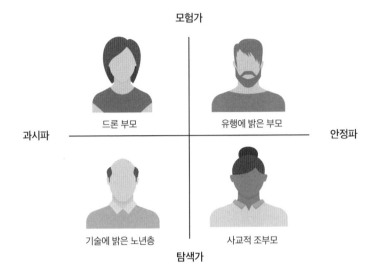

그림 2.4 자녀가 있는 사람들의 4가지 사고방식[24]

모험가

드론 부모

유행에 밝은 부모

과시파

안정파

기술에 밝은 노년층

사교적 조부모

탐색가

사고방식 1: 드론 부모

드론 부모drone parents는 과시파 스타일로 사람들의 감탄을 자아낼 만한 집을 만드는 데 큰 비중을 두는 가족 유형이자 기술에 관한 한 얼리어답터인 모험가다. 드론 부모라는 호칭은 이들이 통제와 효율, 편리함, 사생활을 중시하고, 가족에게 보다 편안한 삶과 더욱 안전한 퓨처홈을 제공하기 위한 기술 사용의 이점을 명확하게 인식한다는 사실을 나타낸다. 또한 이들은 '따로 또 같이' 경향이 강하다. 다시 한번 말하지만 '따로 또 같이'는 식당 같은 곳에서 마주칠 만한 광경으로 가족이 함께 앉아 있긴 하지만, 부모와 자녀가 개인 디지털 기기에 빠져서 공통의 관심사나 함께 하는 활동이 전혀 없고 소통도 막혀있는 상황을 말한다.

　드론 부모의 전형적인 기술 스택은 집을 좀 더 통제 가능하고 안전하고 실용적이면서 개인적인 공간으로 만드는 데 주안점을 둔다. 식료품을 집으로 주문 배달하고, 스마트 스피커를 사용하며, 집과 자녀를 원격으로 관리한다. 설치하기 쉽고, 자녀의 스마트 기기 이용 시간 관리가 용이하며, '따로 또 같이' 문제를 해결하면서도 사생활을 지켜주는 기술이나 솔루션이라면 무엇이든 이들의 삶을 개선하는 데 도움이 된다.

사고방식 2: 유행에 밝은 부모

유행에 밝은 부모hip-happening parents는 드론 부모와 대조적으로 실용적인 안정파이자 타고난 사교성의 소유자이며, 느긋한 중재자 성향의 사람들이다. 하지만 드론 부모와 비슷하게 기술에 관해서는 모험가, 즉 리드 유저lead user의 태도를 공유하며 기술의 재미 측면에 주목한다. 독창적이고 세련된 분위기가 생활 방식의 자연스러운 일부분으로 녹아들기를 원해서 집을 좀 더 멋지게 만들어준다면 무엇이든 가치 있게 여긴다. 그래서 DIFM의 편리함을 원하지만, 만약 다른 누군가가 그들의 집에 와서 기기를 설치한다고 하면 안전함 또한 느끼고 싶어 한다.

　이들은 혁신적이고 사교 친화적인 집에서 가족 구성원과 원활하게 소통하고 아무 걱정 없이 휴식을 취할 수 있기를 바란다. 특히 아이들이 자기 방에서 시간을 보낼 때 긴장을 풀고 수제 맥주나 와

인 한 잔을 마시며 느긋하게 즐길 수 있는 환경을 누리고 싶어 한다. 또한 온라인 콘텐츠와 예능 프로그램을 집 안 곳곳에서 스트리밍으로 즐기는 등 일상생활을 좀 더 원하는 대로 재미있게 보낼 수 있게 해주는 기술을 중요시 여긴다.

유행에 밝은 부모의 삶은 첨단 기술을 기반으로 유연성 있고 즐거운 공간을 집에 마련해 물리적 벽의 한계를 뛰어넘고, 자녀의 스마트 기기 이용 시간을 모니터링하며, 집의 모든 디지털 기기의 끊김 없는 사용자 경험을 구현함으로써 개선될 수 있다.

사고방식 3: 기술에 밝은 노년층

자신의 집이 사람들의 관심사에 오르고 대화의 중심이 되기를 바라는 드론 부모와 비슷하게 기술에 밝은 노년층savvy seniors은 집을 오랜 시간 갈고 닦아온 자신만의 개인 브랜드가 투영된 공간으로 여기는 과시파다. 하지만 신기술에 대해서는 탐색가의 태도를 취한다는 점에서 드론 부모와 차이가 있다. 이 고령 집단의 주된 목적은 자신의 고급 주택에서 첨단 기기들이 매끄럽게 작동하는 모습을 보여주는 것이지만, 기술에 과도하게 의존하지 않으려고 무척 노력한다. 그래서 화려하면서도 실용적인 기술을 선호한다.

기술에 밝은 노년층에게 중요한 것은 집이 인상적이고 고급스러우며 영감을 주는 곳이어야 한다. 때문에 집은 이들에게 한 걸음 물러나서 자신이 이룬 삶의 성취를 스스로 경탄하며 바라볼 기회를 제공해야 한다. 동시에 이들은 안전함을 추구하고 늘 통제력을 잃지 않으면서 관계 지속과 삶의 즐거움 사이에 균형을 유지하기 위해 끊임없이 고심한다. 때문에 가정의 안전과 건강관리, 복지 증진에 기술을 활용한다. 또한 집 밖에서 가족 구성원, 특히 손자들과 원활한 의사소통을 하는 데 큰 가치를 부여한다.

이들의 삶은 기술 의존도와 퓨처홈에서는 흔한 일이 될 훨씬 더 높은 수준의 의료 기술 간의 더 나은 균형점을 찾아 의사와 병원을 덜 찾게 됨으로써 개선될 수 있다.

사고방식 4: 사교적 조부모

사교적 조부모social grandparent는 고령의 독신 조부모를 말한다. 이들은 기술에 관한 한 탐색가 유형이자 안정파다. 사교적 조부모는 안전함과 편안함을 추구하며, 일단 자신이 신뢰하는 누군가가 검증하고 나면 기술을 진지하고 실용적인 관점에서 바라본다. 고령에도 불구하고 기술을 이용해서 집을 친숙한 공간으로 꾸미고, 친구들이나 친척들과 연락을 취하며, 사회와 관계를 유지하느라 여전히 바쁜 사람들이다.

이들은 보통 집에 혼자 살면서 통제력을 잃지 않고 독립적인 생활을 하고 싶어 한다. 그래서 '에이징 인 플레이스'가 이들에게 무척 중요한 문제다. 다른 사람들과 관계를 유지하고, 가끔 들러 주는 사려 깊은 이웃을 두거나, 아니면 반려동물을 키움으로써 안전하다는 느낌을 받고 싶어 한다. 자기 집에서 최대한 오래 살 수 있도록 자녀들이 원격 카메라와 센서로 자신을 모니터링하는 것을 허용한다. 건강 모니터링 기기를 사용해서 개인 건강을 관리하고, 팟캐스트를 듣고, 첨단 기술과 소셜 미디어를 이용해 최신 정보를 얻으며 다른 사람들과의 관계를 유지한다.

사람들과 소셜 미디어를 통해 관계를 유지하는 데 방해가 되는 원치 않는 광고를 차단하는 솔루션이나 카펫 청소, 바닥 걸레질 같은 일상적인 집안일을 자동화하는 솔루션을 제공해서 사람들과 더욱 원활한 관계를 유지할 수 있도록 더 많은 시간적 여유를 제공하는 것이 이들이 원하는 삶의 질 향상이다.

다음으로 자녀가 없는 사람들의 4가지 사고방식을 살펴보자.

사고방식 5: 분위기 주도자

분위기 주도자ambient leaders는 과시파로 자신의 집을 방문하는 사람이면 누구나 이 집이 다른 사람들에게 깊은 인상을 주려고 꾸민 공간이라는 사실을 알아채길 바란다. 기술에 관한 한 모험가로 최신 기술을 한발 앞서 구매해서 사용하는 것을 자랑스럽게 여긴다. 초연결성, 초개인화와 함께 집과 이동수단, 건강과 업무 등 삶을 구성하는 서로 다른 생태계의 상호 연결을 지향한다. 개방적이고 매력적인 성향으로 영감을 자극하고 심미적 즐거움을 선사하는 풍성한 감각 체험을 제공하는 집을 추구하며, 기쁨과 행복에 도움이 되는 기술을 중요하게 여긴다. 일례로 스마트 앰비언트 조명ambient lighting(은은한 빛으로 원하는 분위기를 끌어내는 조명 – 옮긴이)을 이용해서 수면 패턴을 개선하려고 애쓰고, 개인 모니터링 기기와 앱으로 건강을 관리한다.

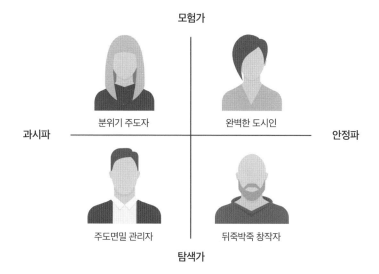

그림 2.5 자녀가 없는 사람들의 4가지 사고방식[25]

모험가

과시파   분위기 주도자   완벽한 도시인   안정파

주도면밀 관리자   뒤죽박죽 창작자

탐색가

보다 최신의 그리고 더욱 몰입감을 주는 기술로 꿈을 시각화해서 이를 현실로 만들면 이들의 삶은 훨씬 더 개선될 수 있다.

사고방식 6: 완벽한 도시인

완벽한 도시인wired-up urbanite은 신기술을 시험 삼아 사용하기를 좋아하는 강력한 모험가 유형이지만, 집에 대해서는 안정파의 태도를 취한다. 일과 외부활동으로 바쁘고 활발하게 활동하는 가운데 일상에 편리함을 더하고 관계를 유지해주는 기술을 좋아한다. 집에서는 최상의 컨디션을 유지하고 싶기 때문에 편안함을 무엇보다 중요시한다. 여기서 편안함이란 고품질에 제대로 설계된, 제 기능을 하는 제품과 서비스를 의미한다.

또한 건강과 운동 관련 솔루션을 왕성하게 소비하므로 이를 집 안으로 끌어들여 더욱 편리하게 이용할 수 있게 해주는 기술을 선호 한다. 이들은 집이 평온하고 깔끔하고 우아하면서도 자신의 행복감 을 높여주는 고품격 명품이 곳곳에 놓여 있는 것을 좋아하며, 대신 다른 물건들은 DIFM을 통해 깔끔하게 수납되어 가려지기를 바란다. 이들의 삶을 개선할 수 있는 요소로는 홈서비스와 고품질 제품을 이 용할 수 있게 해주는 더 많은 첨단 기술이다.

사고방식 7: 주도면밀 관리자

주도면밀 관리자conscientious controllers는 탐색가로 기술적으로는 약간 뒤처지는 경향이 있지만, 자신감이 넘칠 뿐 아니라 효율성과 자기계 발 극대화를 위해 집을 아주 깔끔하게 정돈한다는 점에서 과시파에 해당한다. 이들은 건강과 생활 방식에 최적화되어 있는, 깔끔하게 정돈돼 있으면서 효율적이고, 거주자 개개인이 몸과 마음 그리고 주 변 환경을 통제할 수 있는 집에 살고 싶어 한다.

이 유형은 이미 AI 비서를 이용해 집안일을 처리하고, 건강과 운동 관련 앱과 유연한 재택근무를 지원하는 기술 스택이라면 무엇 이든 사용하고 있다. 이들은 주로 자신의 홈 오피스를 가지고 있기 때문에 일을 할 때 물건을 잃어버리거나 다른 사람들이 혹시나 자신 의 물건을 옮기지 않을까 걱정할 필요가 없다. 매끄러운 기술 통합, 수면 및 건강관리 지원, 기술을 통한 일과 삶의 균형 증진이 이들에게 도움이 된다.

사고방식 8: 뒤죽박죽 창작자

마지막으로 뒤죽박죽 창작자chaotic creatives는 기술에 관한 한 탐색가이자 따뜻하고 편안한 집을 만드는 데는 안정파인 유형으로 개인적이고 체계적이지 못한 경향이 있다. 편의상 기술을 사용하면서도 보통은 기술에 투자하는 것을 꺼린다. 이들은 자기 일에 빠져 누군가 집에 방문한다든지 하는 특별한 이유가 있기 전까지는 집을 정돈하고 청소하는 것을 잊곤 한다. 집에서 안전함을 느끼고 싶어 하는데, 물리적인 집과 가상공간 모두에서 그렇다. 개인 생활과 취미에 시간을 낼 수 있는 편안하면서 생산적인 집에서 살고 싶어 한다. 기술의 도움을 받아 재택근무를 하면서 음식을 배달해 먹고, 좋아하는 스트리밍 프로그램을 몰아서 본다. 이들의 삶을 개선할 수 있는 요소로는 매일 해야 할 일을 알려주는 기기나 솔루션, 집 청소와 정리를 돕는 자동화 시스템, 다양한 활동을 위한 가변형 공간, 그리고 종류를 막론하고 일과 삶의 균형을 관리하는 데 도움이 되는 기술이다.

3가지
핵심 요소

집에 대한 사람들의 8가지 사고방식을 끌어내는 과정에서 퓨처홈 시장에 기술과 서비스, 제품을 제공하고자 하는 기업들은 다음 3가지 사회심리학적 핵심 요소를 유념해야 한다. 첫 번째는 집의 의미에 직접적으로 영향을 미치는 '정체성identity이다. 두 번째는 '공간 혁명spatial revolution'으로 다목적으로 활용되는 오늘날 집에서 어디든 내 집 같은 편안함을 느끼는 차원까지 나아가는 데 중점을 둔 개념이다. 마지막 세 번째는 '기술 갈등tech tensions'으로 사람들이 더 많은 신기술에 적응하는 과정에서 겪는 어려움과 관련 있다.

정체성

우리의 자아의식은 집과 밀접하게 관련돼 있다. 유형 분류를 통해 도출한 8가지 사고방식에서도 알 수 있듯이 우리는 모두 집의 의미와 집이 우리 개개인에게 주는 느낌(크게 편안함, 안전, 통제력 3가지가 있다)에 대해 뚜렷이 다른 생각을 가지고 있다. 이렇게 다양한 관점을 통해 우리는 편안함과 안전, 통제력 행사 같은 욕구를 서로 다른 시각으로 바라본다. 비즈니스 기회는 서로 다른 사고방식을 가진 사람들이 집의 의미에 대해 갖는 서로 다른 생각들과 출산과 이직, 퇴직 후 재고용, 조부모가 되는 것처럼 시간이 흐르면서 겪게 되는 변화에 맞춰 퓨처홈의 설계를 조정하는 데 달려 있다.

집의 으뜸 요건은 편안함이다. 편안함은 친구나 가족의 사진을 곁에 두는 것부터 남의 눈을 의식할 필요 없이 자신의 모습을 있는 그대로 드러낼 수 있는 공간을 갖는 것까지 다양한 의미를 갖는다. 드론 부모에게 편안함은 필수품을 모두 갖추고 사생활과 안전을 보장받으려는 욕구를 의미한다. 기술에 밝은 노년층에게는 삶의 성취를 펼쳐 보일 수 있는 자기 투영과 인정의 공간이고, 분위기 주도자에게는 휴식과 재충전을 위한 특별하고 기쁨이 넘치는 장소다. 사교적 조부모에게 편안함은 바쁜 하루를 마치고 한숨 돌릴 수 있는 포근하고 아늑한 공간이다.

그다음 요건은 안전이다. 이 역시 8가지 사고방식에 따라 다양한 해석이 가능하다. 안전하다는 느낌은 현관문에 설치한 단단한 자물쇠나 첨단 보안장치에서만 얻어지는 것이 아니다. 때로는 쾌적한 환경에서 자신이 좋아하는 것들에 둘러싸여 있을 때 안전함을 느끼기도 한다. 유행에 밝은 부모에게 안전이라는 개념은 물리적 방범장치와 함께 가족들에게 둘러싸여 있음을 의미한다. 드론 부모에게는 물리적 보안장치를 갖추고 일산화탄소와 화재 탐지기가 잘 작동하는 상황을 말한다. 기술에 밝은 노년층과 사교적 조부모에게 안전은 전적으로 집의 위치와 이웃들에 달려 있다.

마지막으로 통제력 행사도 사고방식에 따라 다른 의미를 갖는다. 누군가에게는 앱과 기기가 강력한 도구 역할을 하고, 또 다른 누군가에게는 깔끔하고 정돈된 공간과 함께 소박한 일상을 유지하는 능력을 의미한다. 사교적 조부모에게 통제력 행사의 핵심은 친구나 가족을 연결해주는 스마트폰이다. 뒤죽박죽 창작자에게 통제력 행사는 늘 그렇듯 즐겨 찾는 웹사이트를 훑어보면서 마시는 커피 한 잔이다. 분위기 주도자에게는 생산성을 보장하는 AI 비서가 통제력 행사일 수 있다.

공간 혁명

갈수록 더 많은 기술이 집에 들어오면서 집 안의 전통적인 공간 활용 개념이 사라지고 있다. 다용도실의 경우 개방형 구조가 일반화되면서 식사나 운동, 수면, 업무 등 다양한 활동에 사용되고 있다. 또한 업무 '상시 접속$^{always-on}$' 개념이 고용 분야에 도입되고 특정 요일에는 재택근무를 하는 방식이 인기를 더해가면서 집과 사무실의 경계도 모호해지고 있다.

집이 이처럼 변화하는 요구에 대응하려면 우선 가변적이고 탄력적이어야 한다. 기술 주도의 공간 혁명은 더 이상 물리적 경계를 강제하지 않는다. 집에서 커넥티드 기기를 사용함으로써 사람들은 물리적으로는 같은 공간에 있으면서 다른 세상에 머물 수 있게 됐다. 사이버 공간에서 소셜 미디어를 통하거나 홀로그램으로 디지털 트윈$^{digital twin}$(가상공간에 실물과 똑같은 '쌍둥이'를 만들어서 활용하는 기술 - 옮긴이)을 만들어내는 방식이 그 예다.

퓨처홈이 물리적 경계를 허물고 기존 공간들이 다목적 공간으로 변화하고 나면 2단계로 진화해서 집의 일부나 방을 일정 기간 다른 사람에게 임대해 환금성 자산으로 활용할 수도 있다.

이어 최종 3단계인 '어디든 내 집 같은' 단계로 진입하게 되면 사용자들은 마침내 집의 물리적인 벽에서 해방될 것이다. 이 단계야말로 진정한 초연결 생활의 구현이다. 출퇴근길의 자율주행 차량에 자신의 정보를 가져와 집과 동일하게 맞춤 설정하는 것도 가능하다.• 출장으로 호텔에 머무는 동안에도 집 안의 모든 느낌을 호텔 방에 투영해 집에 있는 듯 편안하게 지낼 수 있고, 집을 비울 동안 내 집은 주거공유 서비스를 통해 다른 사람에게 빌려줄 수도 있다. 여기서 정체성 문제의 중요성이 가장 명확하게 드러난다. 인간에 대한 진정한 이해를 바탕으로 5G나 빅데이터 분석, 엣지 컴퓨팅 같은 파괴적 혁신 기술을 이끌어감으로써 상황에 따라 집의 정체성 그리고 이에 의존하는 거주자 개인의 정체성을 다른 어떤 공간으로든 옮겨 놓을 수 있게 되는 것이다.

기술 갈등

기술의 급격한 발전은 가정생활에 많은 혜택을 선사함과 동시에 유연성도 증가시키고 있다. 하지만 엄청난 기술 발전에도 불구하고 사람들은 융통성 없게 기존 일상 습관을 고집하면서 우리의 일상은 여전히 낮은 기술과 인습에 좌우되고 있다. 침대 곁에 놓아둔 아날로그 알람시계 소리에 눈을 뜨고, 스토브 위에서 커피를 끓이고, 지하철이나 버스, 자전거를 이용해서 출퇴근하고, 퇴근 후에는 개와 산책하고, 정원을 가꾸고, 달리기를 하고, TV를 보는 등의 행동을 이어간다.

물론 너무 많은 첨단 기술이 전면에 등장해 주의를 끌게 되면 많은 사람들이 집 안에 있는 수많은 기기에 혼란을 느낄 것이고 심

- 애플의 카플레이나 안드로이드 오토가 대표적으로 차 대시 보드(계기판)에 개인 사진을 띄우거나 즐겨 사용하는 앱을 동작시키는 것을 말한다.

지어 불편과 고통을 야기할 수도 있다. 그러므로 5G 기반 퓨처홈을 위해서는 제품과 서비스를 만들어내는 기업 모두가 이 같은 갈등을 이해하고 이를 합리적으로 개선하는 한편, 기술을 통해 사용자의 일상 및 의례적 행위들과 관련된 경험을 향상시켜야 한다.

기술과 소셜 미디어는 집 밖의 세상과 즉각적인 연결을 제공한다. 이는 단체 메신저와 위치추적 앱, 영상 통화 덕에 손쉬워졌다. 하지만 이와 동시에 이 연결이 집안 식구든 가까운 이웃이든 함께 사는 공동체와 맺은 관계를 단절시키는 파괴적 결과를 가져올 수도 있음을 명심해야 한다. 한 걸음 물러나서 지능형 기기들이 집 안에서 그리고 사용자들에게 일으키는 갈등을 직시할 필요가 있다. 이런 접근과 집의 다양한 경험 간의 균형을 맞추려는 노력은 홈 테크 제공업체들에게 매우 유용할 뿐만 아니라 뛰어난 비즈니스 기회를 제공할 것이다. 즉, 함께 힘을 합치면 '따로 또 같이' 문제를 해결할 수 있다.

우리가 심사숙고해야 할 또 다른 문제는 보안 및 개인정보 보호와 관련된 것이다. 그중에서도 집에 상호 연결된 기기가 급증하는 상황에 주목할 필요가 있다. 이는 최종 사용자와 관련해 홈 테크 제공업체들이 막중한 신뢰의 책임을 져야 함을 시사한다.

이 장에서 조명한 5가지 메가 트렌드와 8가지 인간 유형, 그리고 3가지 핵심 주제는 퓨처홈을 둘러싼 새로운 비즈니스 모델의 방향을 모색하는 데 토대가 될 것이다.

1. 초연결 생활 방식의 출현, 젊은 세대의 높은 기술 적응력, 에이징 인 플레이스, DIFM, 따로 또 같이와 같은 메가 트렌드가 퓨처홈 시장의 다양한 양상을 규정하게 될 것이다.

2. 각양각색으로 다른 퓨처홈 사용자들의 구체적인 사고방식은 '과시파', '안정파', '모험가', '탐색가' 유형의 각기 다른 조합을 통해 정확하게 정의할 수 있다.

3. 퓨처홈 시장에 제품과 서비스를 제공하는 기업들은 사회인구학적 유형을 기술적 해결책의 출발점으로 삼아야 하며, 그 반대로 접근해서는 안 된다.

미리
보기

퓨처홈에서 보낼 가정생활의 모습이 얼마나 다채로울지 2장에서 살펴
봤다. 사회인구학적으로 서로 다른 거주자 집단은 때론 이들의 필요에
맞게 설계된 서비스를 뒷받침하는 매우 다른 기술 스택이 필요할 것이
다. 따라서 두 가지 가정생활 시나리오를 더 살펴보도록 하겠다. 하나
는 독신자에 국한하지 않고 전체 가족과 관련된 시나리오고(유행에 밝은
부모 유형과 관련이 있다), 다른 하나는 에이징 인 플레이스와 첨단 재택간
호 서비스와 관련된 시나리오다(드론 부모와 사교적 조부모와 관련이 있다).
두 사례 모두에서 퓨처홈 기술은 서로 다른 가족 구성원과 이들 개개인
의 요구와 선호를 구분해내는 것은 물론, 집 밖의 서비스 제공자들 그리
고 다른 퓨처홈과도 의미 있는 의사소통이 가능할 만큼 지능적이고 빠
른 대응력을 갖춰야 한다. 이 사례들은 아직 액센츄어의 5G 퓨처홈 팀
이 그리고 있는 구상 단계에 불과하지만, 가까운 장래에 실생활에서 비
즈니스 사례가 될 가능성이 충분히 있다.

3장
적용 사례에서
비즈니스 사례까지

The
Future Home
in the 5G Era

실생활 시나리오 1:
유행에 밝은 부모를 위한 가정생활

늦은 오후 교외에 위치한 한 단독주택. 폴과 수잔이 위니(2살)와 이
튼(6살), 캐서린(10살) 세 아이와 함께 살고 있는 곳이다. 집 안은 시
끌벅적한 가운데 마당에서는 자동 잔디깎이가 조용히 잔디를 다듬
고 있다. 덕분에 짬이 난 아빠 폴은 두 살배기 아기에게 숫자 세는
법을 가르치며 소중한 시간을 보내고 있다. 위니는 1부터 5까지 숫
자는 문제없이 세지만, 6부터 10까지는 여전히 애를 먹고 있다.

지능형 육아 도우미

수잔이 현관 입구에서 소리 높여 남편을 부른다. 폴이 위니를 AI 로
봇 판다에게 맡기고 자리에서 일어선다. "6부터 10까지 숫자를 계속
가르쳐주렴." 폴이 판다에게 말한다. 영리한 판다 로봇은 그 즉시 선

생님이 돼 "안녕, 위니"라고 말을 건넨다. 그런 다음 숫자 노래 음악에 맞춰 10가지 숫자 색깔 막대가 하나씩 등장할 때마다 위니가 6부터 10까지 숫자 색깔 막대를 터치하도록 유도하는 영상을 틀어준다.

플러그 앤드 플레이 기술

조금 전, 6살짜리 이튼이 천장에 공을 던지는 바람에 운 나쁘게도 커넥티드 화재경보기와 커넥티드 카메라가 둘 다 고장 나버렸다. AI 비서가 소리를 감지해 커넥티드 화재경보기와 카메라가 온라인 상태를 벗어난 것을 인식했다. AI 비서는 커넥티드 카메라가 정상 작동한 마지막 몇 초의 영상을 분석해 공이 빠른 속도로 렌즈에 접근하는 순간을 확인한 뒤 수잔에게 두 기기의 교체품을 주문할지 묻는다. 수잔이 주문을 허락하자 주문한 지 한 시간 만에 두 기기가 드론으로 배달된다. 배달된 새 교체품을 갈아 끼우기 위해 사다리를 타고 올라간 수잔이 아래에서 사다리를 붙잡고 있는 폴에게 이렇게 말한다. "모든 기기가 하나의 통합 5G 무선 네트워크에 연결되니까 제품 라벨을 읽고 호환되는지 일일이 확인할 필요조차 없네. CSP와 상의해서 '서비스형 퓨처홈 모델' 요금제로 바꾸기 잘한 것 같아."

기기 교체 작업은 45초밖에 걸리지 않았다. 수잔의 말처럼 기기들은 다루기 쉬운 플러그 앤드 플레이plug and play 제품으로, 별다른 설정 없이 끼워 넣기만 하면 바로 작동한다. 퓨처홈이 알아서 교체된 두 하드웨어 기기를 즉각 인식하고, 이를 네트워크에 연결한 다음, 월정액 서비스형 퓨처홈 계정에 추가한다. 새로 교체된 두 기기는 처음 연결된 순간부터 폴과 수잔 가족에게 끊김 없는 사용자 서비스 경험과 우수한 품질을 제공하기 위해 필요한 모든 하드웨어 및 소프트웨어 요소들과 대화를 나눈다. 이 모든 일이 가능한 것은 기기들이 스마트 알고리즘을 탑재하고 하드웨어 업계 전체가 합의한 표준 프로토콜에 따라 작동하기 때문이다. 폴과 수잔은 기기 문제로 골치 썩을 일 없는 이런 첨단 서비스 비용을 기꺼이 지불하고 있다. 솔루션 설계자가 제품 간 호환성에 문제가 없는지 골머리를 앓을 필요도 없고, 복잡한 설정 과정을 통해 기기들을 하나씩 수동으로 와이파이 라우터routers 같은 허브 기기에 연결할 필요도 없다.

거주자 개개인을 파악하는 집

한편 큰 아이 캐서린은 거실에서 쉬고 있다. AI 비서는 캐서린이 숙제를 학교 클라우드에 업로드 하는 것을 도왔기 때문에 아이가 숙제를 모두 마쳤다는 사실을 알고 있다. 그래서 카메라가 장착된 스마트 스피커를 통해 캐서린에게 게임을 하고 싶은지 묻는다. "(학교에서 자율주행 버스를 타고 집에 오는 길에 스마트폰으로 하다가) 중단했던 부분부터 다시 시작할까요?" 캐서린이 고개를 끄덕이자 게임이 시작된다. 거실 전체 벽에 게임 장면이 펼쳐지지만, TV에 콘솔 박스를 연결할 필요도, 전선이나 입력장치를 따로 설정할 필요도 없다.

　같은 시각 폴은 주방에 있다. 냉장고에서 우유를 꺼내 통에 남은 우유를 다 잔에 따라 마시지만, '우유가 떨어지면 어쩌지'란 걱정은 전혀 들지 않는다. 광학 센서가 장착된 냉장고가 퓨처홈의 시각 데이터 분석 센터와 연결해서 그 즉시 쇼핑 목록에 우유를 추가해 저녁 시간 직전이면 배달될 것이라는 사실을 알기 때문이다. 그때 퓨처홈 보안 시스템이 안내방송을 한다. "한쪽 귀가 잘린 길고양이가 뒷마당에 들어왔습니다." 냉장고 문에 표시된 영상에서 고양이가 새로 심은 꽃밭에 슬쩍 실례하려는 모습이 보인다. 퓨처홈이 퇴치음을 내서 고양이를 쫓아낸다. "길고양이가 집 밖으로 나갔습니다." 시스템이 폴에게 알려준다.

재택 건강검진

수잔은 오늘 연례 기초 건강검진을 받는 날이다. 그녀가 퓨처홈에 마련된 작은 전용 방에 들어가서 문을 닫자 곧바로 그녀의 주치의가 대화형 벽에 나타난다. "안녕하세요, 수잔. 오늘 컨디션은 어떤가요?" 주치의가 인사를 건넨다. 바이털 사인vital sign이 실시간으로 측정돼 의사가 지켜보고 있는 디지털 건강 기록부에 전달된다. 몸무게는 바닥에 설치된 센서가 압력을 감지해서 측정하고, 맥박과 혈압은 스마트워치, 체온은 룸 센서가 각각 잰다. 폴과 수잔은 모든 퓨처홈 서비스를 묶음 상품으로 판매하는 CSP로부터 이 기본 서비스를 구매했다. '원격 건강검진—기본형' 패키지는 CSP와 폴과 수잔 가족이 가입한 의료보험 회사 간 제휴를 통해 제공되는 서비스로 고객의 건강검진 결과가 양호하면 보험료를 일부 환불해주는 약관이 적용된다. "아무런 문제가 없네요. 조금 전에 얘기한 것처럼 비타민D 약을 드론으로 주문해 드리고 1년 뒤에 다시 뵐게요"라며 주치의가 인사를 한다.

어디든 따라오는 집

병원에 갈 필요 없이 집에서 진찰을 받게 되면서 가족과 함께 즐길 여유 시간이 더 늘었다. 수잔과 폴은 아이들을 데리고 새로 생긴 놀이공원에 가기로 한다. 폴이 외출 준비를 위해 위니에게 가보니 로봇 판다가 10에서 15까지 숫자를 가르치고 있다. 폴은 위니가 6에서 10까지 숫자를 완벽하게 이해하지 않았다면 그 이후 숫자까지 진도가 나가지 않았을 거라는 사실을 잘 안다. "대단하구나, 위니. 곧 아빠 나이까지 셀 수 있겠는걸." 폴이 아이를 칭찬한다.

수잔은 집 안에서 공을 던진 이튼을 야단치고, 캐서린을 몰입형 게임에서 빠져나오게 한 다음, 가족 모두 자율주행차에 태운다. 퓨처홈이 가족의 외출을 인식하고 집의 잠금장치를 가동한 뒤, 자율주행차가 집 앞 진입로를 빠져나갈 때쯤 가족에게 이렇게 말한다. "이따 밤에 봐요. 집과 주변 보안장치가 가동됐습니다. 그리고 쉴 할 곳을 찾는 그 길고양이를 잘 감시하고 있을게요." 퓨처홈이 대화 기술뿐 아니라 유머 감각까지 갖췄다는 사실이 폴은 감탄스러울 따름이다.

차 뒷자리에 앉은 위니가 자동차 창문 위에 덧씌워진 증강현실을 이용해서 위치 기반 게임을 즐기고 있다. 게임은 위니에게 숫자 세는 법을 가르쳐주고, 위니가 숫자를 세는 사물의 철자를 알려준다. 캐서린은 조금 전에 거실에서 했던 스트리밍 방식의 멀티 플레이어 비디오 게임을 차 안에서 이어서 계속 즐기고 있다. 폴과 수잔이 놀이공원에서 대기시간을 최소화해서 놀이기구를 최대한 많이 즐길 수 있는 방법을 알려주는 영상을 보는 동안 자율주행차가 가족을 안전하게 목적지까지 안내한다.

가족의 화합 증진

20분 뒤, 퓨처홈은 폴과 수잔 가족이 사전에 동의한 스마트 기기 이용 시간 설정에 따라 가족 모두가 각자 충분히 스마트 기기를 즐겼음을 인지한다. 이에 따라 퓨처홈은 가족이 함께 즐길 수 있는 놀이를 자율주행차의 모든 창문에 띄운다. 5개 좌석이 모두 회전하더니 자율주행차 안에 거실과 같은 환경이 만들어지고 그들은 함께 간단한 아날로그 보드게임을 한다.

실생활 시나리오 2: 첨단 재택 의료

드론 부모인 밍테와 수메이 왕은 아이가 셋이라 주말이면 피아노 교습, 축구 연습, 드라마 수업 같은 아이들을 위한 활동들로 바쁘다. 맞벌이 부모의 바쁜 업무 일정에다 아이들의 빡빡한 방과 후 활동까지 더해져서 집에서 600킬로미터 떨어진 시골에 사는 아이들의 유일한 조부모인 밍테의 어머니인 유페이를 보러 가는 데 걸리는 왕복 8시간이 좀처럼 나지 않아 1년에 한 번 겨우 찾아뵙는다. 그런데 고령의 할머니가 혼자 살고 있는 데다 얼마 전 뇌졸중으로 쓰러진 뒤 몸 왼쪽의 70퍼센트만 가눌 수 있는 상태에서 막 퇴원한 터라 요즘 특히 더 걱정스럽다. 뇌졸중을 겪은 뒤 유페이는 병원에서 중증 재활센터로 옮겨 큰 근육군의 물리치료와 작은 근육군의 재활치료를 계속하며 퇴원을 준비해왔다.

집에서 노후를 보낼 자유

드론 부모인 밍테와 수메이는 어머니 댁에 자주 방문하기는 힘들고 유페이는 양로원이 아닌 자기 집에서 노후를 보내기를 원하고 있어 그들에게 퓨처홈의 도움이 필요한 상황이다. 유페이는 사교적인 조부모 유형으로 의지가 강하고 쾌활한 편이다. 뇌졸중을 겪은 뒤 그녀는 "머리부터 발끝까지 잃어버린 30퍼센트의 기능을 활용하는 법을 다시 배우고 싶구나. 내 집에서 독립적인 생활을 하면서 그렇게 살고 싶다"라고 말했다.

밍테와 수메이는 자신들이 이용 중인 CSP인 커넥트 투 라이프 Connect to Life, CTL의 영업사원에게 유페이의 상황을 자세히 설명했다. 이 직원은 지역의 아급성 특수 재활센터(의료 및 재활 치료를 제공하는 특수 병원 – 옮긴이)가 보험에서 지급되는 보조금으로 '노후 주거 서비스를 위한 5G 퓨처홈 솔루션'을 가족에게 제공할 수 있다고 알려줬다. 이 솔루션은 CSP가 설치와 과금 및 관리를 담당하고 보험회사와 수익을 배분하면서 솔루션이 전송하는 데이터를 지역 내 아급성 특수 재활센터가 재활 진료 차원에서 매일 모니터링하는 구조다.

CTL은 드론 부모의 계좌에서 요금을 매달 정기 결제하기로 하고, 드론 부모와 사교적 조부모 세 사람 모두 개인정보 제공과 보안 관련 동의서에 서명했다. 그런 다음 사교적 조부모의 집에 '노후 주거 서비스를 위한 5G 퓨처홈 솔루션'을 DIFM 방식으로 설치하기 위해 일정을 잡았다. 이를 통해 원시적이었던 유페이의 집이 5G 기반 퓨처홈으로 변신했다.

새로운 환경에 맞춰 낡은 집 개조

솔루션은 센서가 장착된 로봇 비서와 영상 분석 기능을 갖춘 카메라, 마이크, 스마트 알약 공급기, 커넥티드 TV가 통합된 형태로 구성돼 있다. 매일 아침 유페이가 눈을 뜨면 집에 있는 보행 보조 로봇이 그녀가 침대 밖으로 몸을 가누고 나오도록 돕는다. 로봇 비서는 5G 네트워크를 통해 거의 실시간으로 컴퓨터 비전과 AI를 이용해서 그녀의 행동에 반응하고 필요한 도움을 제공한다.

유페이는 왼쪽 다리의 70퍼센트밖에 가눌 수 없어서 이 모든 것에 익숙해지는 데 여전히 시간이 필요하다. 하지만 밍테와 수메이는 유페이가 쓰러질 위험이 매우 낮고, 설사 쓰러지더라도 근처 재활센터에 퓨처홈이 상황을 즉각 통보해 도움의 손길을 보낼 것이라는 사실을 잘 알고 있기 때문에 마음을 놓을 수 있다.

"놀라운 진전을 보여주고 계십니다." 격주로 갖는 영상 상담에서 최근 지역 의사는 드론 부모에게 이렇게 말했다. "며칠 전에는 동네 가게까지 짧은 거리를 오가기도 하셨어요." 드론 부모, 그리고 더욱 중요한 것은 의사들이 매일 보행거리와 움직임의 안정성 및 속도에 관한 유페이의 경과보고를 받는다. 이 데이터는 곧바로 퓨처홈 시스템에 제공되는데, 이에 맞춰 보행 보조 로봇이 재보정돼서 유페이가 다시 기력을 회복하는 속도에 맞춰 도움을 차츰 줄여가게 된다.

멀리 떨어져 사는 조부모와 이어주는 기술의 끈

유페이는 새로 만난 로봇 비서에게 '집사'라는 별명을 붙여주었다. 집사는 유페이가 하루를 시작할 때면 옷 입는 것을 돕는데, 전날 밤 세탁과 다림질을 마치고 개켜놓은 옷을 골라준다. 유페이가 옷을 입는 동안 퓨처홈은 최근 24시간 동안 그녀의 소셜 미디어에 올라온 게시물을 벽에 비춘다. 동작과 음성을 통해 '좋아요'를 누르거나 댓글을 달고 가족과 연락하며 그녀의 소식도 가족에게 알릴 수 있다. "오늘 집사에게 곧 있으면 더 이상 필요하지 않게 돼서 그를 해고하게 될지도 모른다고 말했어"라고 말하자 그녀의 말이 로봇 비서와 함께 찍은 셀카 사진 아래 글로 입력되어 나타난다. "하지만 해고되더라도 계속 여기서 지내도 된다고 했어."

지속적 건강 모니터링과 관리

유페이가 퓨처홈의 모니터링과 도움을 받아 욕실까지 걸어가서 양치질을 마치자, 욕실 세면대에 설치된 일련의 센서들이 그녀가 내뱉은 타액을 분석해서 전반적인 건강 상태와 혹시 모를 발병 여부를 진단한다. 이 데이터는 지역 재활센터에 전달돼 자동으로 검토받는다.

한편 주방은 매일 아침 배달되는 맞춤형 식단으로 아침 식사를 준비한다. 영상 분석 기능을 갖춘 카메라가 매 끼니 유페이의 식사량을 탐지한다. 퓨처홈 시스템은 5G와 엣지 컴퓨팅 기술을 이용해서 그녀가 씹거나 삼킬 때 얼굴 왼쪽에 문제가 없는지를 거의 실시간으로 판별해낸다. 뇌졸중 재발 등 또 다른 건강 문제를 알리는 위험 신호일 수도 있기 때문이다.

아침 식사를 마친 뒤 유페이는 고혈압약과 혈액 응고 방지제를 먹으라는 알림을 받는데, 매번 모든 약의 복용량을 관리하고 필요할 때면 양을 조절하는 스마트 약통이 월 보험료 할인 우대 적용을 위해 복용 정보를 의사와 보험회사, 약국으로 전송한다.

유페이가 스마트 운동 거울을 바라보자 전담 트레이너의 목소리가 뇌졸중 회복 훈련 프로그램 수행을 돕는다. 스마트 운동 거울이 작업치료와 물리치료, 인지검사 결과와 데이터를 연합 클라우드와 공유하면, 클라우드가 경과를 분석한 뒤 그에 따라 훈련 프로그램을 조정한다. 운동이 끝나면 스마트 운동 거울은 유페이의 개인 가족 채널 화면으로 바뀐다. 유페이가 사진과 메시지, 동영상, 그리고 드론 부모의 집과 모바일 기기, 자율주행차에서 나온 실시간 스트리밍 영상을 시청한다. 그중에는 손자들의 스마트폰에서 전송된 영상들도 포함돼 있다.

1. 현대인의 생활은 너무 바쁘기 때문에 사람들은 일상의 따분한 일들을 자동화하고, 당면 문제를 해결하며, 미래의 위험을 예측하고 싶어 한다. 이 같은 요구에 효과적으로 부응하기 위해서는 홈 테크놀로지가 거주자의 진정한 필요를 반영한 맞춤형 서비스를 제공해야 한다.

2. 편리하고 간편한 플러그 앤드 플레이 기능이 최적의 사용자 경험을 만들어낸다.

3. 기술을 제대로 활용하면, 기술이 집에 있는 사람들을 '따로 또 같이' 상태로 몰아가는 대신 가족 간의 유대를 강화하는 역할을 할 수 있다.

4. '퓨처홈에서 노후 보내기' 등의 적용 사례를 통해 퓨처홈은 사회 전반적인 스트레스를 줄이는 데도 기여할 수 있다.

미리
보기

1장과 3장에서 소개한 실생활의 사례들은 퓨처홈 기술이 다양한 부류의 많은 사람들의 삶에 막대한 혜택을 줄 수 있음을 분명히 보여주었다. 그러나 이런 가능성이 실현되기 위해서는 과거에 기업들이 커넥티드홈 구현을 시도하는 과정에서 드러났던 결점들을 극복해야 한다. 하드웨어와 소프트웨어 표준의 극심한 파편화와 포인트 투 포인트 기반 아키텍처, 심각한 데이터 사일로data siloing 현상이 여전히 두꺼운 장벽으로 앞을 가로막고 있다. 하지만 머지않아 5G 네트워크가 eSIM과 엣지 컴퓨팅, 고급 분석 등의 기술과 결합해서 이 문제들을 해결함으로써 퓨처홈 시장이 급격히 번창하고 발전할 것으로 예상된다. 이번 장에서는 5G가 왜 단순히 이전 세대 이동통신 기술표준에서 한 걸음 나아간 기술이 아니라 우리가 살아가는 방식과 산업계 전체를 송두리째 바꿔놓을 세대를 뛰어넘는 도약인지를 설명한다. 이를 위해서는 다른 장들과 달리 기술적 세부사항들을 좀 더 상세히 설명할 필요가 있는데, 많은 독자들이 퓨처홈 구현을 위해 5G만이 담당할 수 있는 독특한 역할을 이해하는데 도움이 될 것이다.

4장
5G 퓨처홈으로의
전환

The
Future Home
in the 5G Era

지난 10년간 디지털 홈 기술은 다양한 기능을 갖추고 커넥티드홈 경험을 상용화시키기 위해 부단히 노력했으나 거듭 실패를 맛보았다. 정보기술 아키텍처와 연결성의 일관성이 떨어지고 임시방편에 그치는 바람에 단일한 문제에만 치우친 제한된 용도의 솔루션을 탑재한 기기들이 난무하는 결과를 초래했을 뿐이다. 이는 소비자들의 DIFM 사고방식이라는 메가 트렌드에 부합하는 매력적인 상용화와 사용자 경험 기반이 부족했기 때문이다.

물론 스스로 학습해서 소비자들의 에너지 절약을 돕는 스마트 온도조절 장치가 등장하기는 했다. 영상 촬영이 가능한 초인종이 경비를 담당하고, 스마트 스피커가 집 안에서 정보 검색을 더 쉽게 만들어주는 것도 사실이다. 또 일부 홈 커넥티비티 허브 솔루션은 집 안에서 사용되는 여러 가지 무선 기술을 통합해서 좋은 평가를 받고 있다. 그러나 이 모든 기기들이 훨씬 더 효율적으로 통합돼서 퓨처홈 내에서 진정 멋지고 삶의 질을 높여주는 경험을 만들어내는 것이

가능하다는 사실을 고려하면, 이렇게 기기들이 제각기 따로인 전반적인 현실은 자못 심각하다고 할 수 있다.

커넥티드홈 기술의 제한적 성공

CSP와 플랫폼 및 앱 제공업체, 하드웨어 제조사 등 퓨처홈에 핵심적인 역할을 하게 될 기업들을 살펴보면, 이 중 어떤 업체도 시장에서 퓨처홈의 채택을 앞당기기 위해 넘어야 할 결정적 난관들을 아직 극복하지 못하고 있다.

CSP는 서문에서 언급한 것처럼 현재 집이 퓨처홈으로 나아가기 위해서 절실히 요구되는 변화를 끌어낼 도화선이 될 수 있다. 그러나 많은 CSP가 적합한 협력사를 확보하지 못한 상태에서 가정용 제품이나 서비스를 먼저 출시했다. 여기서 우리는 CSP가 유리한 위치에서 홈 시장에 진입했다는 사실에 유의할 필요가 있다. 집 안으로 들어오는 네트워크 연결의 '라스트 마일last mile'을 담당하는 전통적 역할 덕에 CSP는 광대역 데이터로 집을 연결하는 연결성 가치사슬의 마지막 길목을 지키고 있다. 또한 직접적인 고객 관계를 바탕으로 막강한 유통망을 보유하고 있으며, 신뢰도와 보안 측면의 소비자 신뢰도 순위에서 여전히 매우 높은 평가를 받고 있다.[1] 하지만 앞서 말했듯이 파트너십 결여로 인해 CSP는 이런 유리한 입지를 제대로 활용하지 못했다. 하드웨어 제조업체를 비롯해서 CSP가 협력해야 할 기업들은 아직 걸음마 단계를 벗어나지 못한 상태로 이들 없이는 진정 조화롭고 상호 연결된 솔루션들로 구성된 적절한 묶음 상품을 제공할 방법이 전혀 없기 때문이다.

이와 대조적으로 플랫폼과 앱 제공업체들은 초기 홈 테크 시장에 진출할 채비를 갖추고 나자마자 하드웨어를 들고 시장에 진입해서 성공을 거뒀다. 처음에 이 하드웨어들은 초인종 같은 기존의 가정용품에 연결성을 추가하거나 AI 비서를 호출하는 스마트 스피커 같은 새로운 기기를 만들어내는 데 초점이 맞춰졌다. 구글의 자회사 네스트Nest의 자동 온도조절 장치나 아마존의 에코Echo 스피커를 생각해보면 집 안에서 상대적으로 제한적인 문제를 해결하는 데 중점을 둔 솔루션 측면에서는 성공 사례로 평가할 만하다. 그러나 하드웨어는 이들의 주된 목표가 아니었다. 플랫폼 제공업체들의 노림수는 새로운 하드웨어를 이용해서 초기 홈 시장에서 좀 더 많은 데이터를 수집함으로써 이를 활용해 데이터 수익화data monetization라는 핵심 비즈니스 모델에 제공하는 것이었다. 본래부터 이 기업들은 사용자의 맥락을 파악해서 적절한 제품과 서비스를 추천하기 위해 풍부한 사용자 데이터에 의존해왔다.

하지만 플랫폼이나 앱 제공업체가 홈 테크 같은 신규 시장에 진입할 때 값비싼 비용을 치러야 했다는 점에 주목할 필요가 있다. 이같은 시도가 성공을 거두기 위해서는 하드웨어 개발 역량을 키우거나 관련 기업을 인수해야 했는데, 여기에는 엄청난 자본 투자가 수

반된다. 아마존은 랩126(하드웨어 개발을 전담하는 아마존 사내 연구개발 그룹 - 옮긴이)을 만들었고, 구글은 홈 테크 전문 기업인 네스트를 32억 달러에 전략적으로 인수했다.[2] 그러나 내부 역량 강화나 전략적인 기업 인수 후에도 하드웨어 설계와 엔지니어링, 소프트웨어 개발과 통합, 직접 고객 접촉, 유통 채널 확보, 네트워크 구축 등 다양한 기기 개발 절차를 수행하려면 여전히 파트너십이 필요하다. 그리고 무엇보다 중요한 사실은 플랫폼 제공업체들이 현재 아직 파트너십을 맺지 못한 다른 기기나 다른 생태계의 데이터에 대한 접근 권한을 가지고 있지 않다는 점이다. 초기에 플랫폼 제공업체들은 시장점유율 확보를 위해 제품 개발에 치중했고, 이 때문에 처음에는 서로 정보를 공유하는 것에 큰 비중을 두지 않았다.

마지막으로 현재 커넥티드홈에서 고전을 면치 못하고 있는 순수 하드웨어 제조업체들이 있다. 보통 TV와 대형 가전 같은 전통적인 홈 디바이스로 이들은 비즈니스 모델과 산업 성숙도 덕분에 상용화의 결실을 맺었다. 하지만 가격이 그나마 몇 안 되는 차별화 요소 중 하나인 매우 성숙한 시장에 직면했고, 지속적인 이윤 잠식으로 선택의 여지가 별로 없는 상황이라 기존 하드웨어를 활용해서 특정 고객층에 집중하기 시작했다. 물론 개인화 강화와 연결성 등의 기능 추가를 통해 스마트 영상 초인종 같은 새로운 적용 사례를 개척하거나 스마트 스피커처럼 완전히 새로운 시장을 만들어내기도 했지만 전통적으로 하드웨어와 기기를 제조해온 업체여서 강력한 소프트웨어 개발 능력이나 생태계 조성 역량을 갖추지 못했다는 점이 여전히 이들의 발목을 잡았다.

　CSP와 하드웨어 제조업체 다음으로 플랫폼 크리에이터와 앱/콘텐츠 관리자가 있었지만, 둘 다 초기 홈 테크 시장에서 어떤 데이터 인사이트data insight를 모을 수 있는가에 따라 성패가 좌우됐다. 하지만 데이터 공유가 매우 제한적이었다. 기기 제조업체들이 포인트 투 포인트 솔루션으로 배타적인 접근법을 고수하는 바람에 다른 플랫폼들과 데이터를 거의 공유하지 않았기 때문이다.

　필립스 라이팅Philips Lighting에서 사명을 바꾼 시그니파이Signify는 조명기구와 LED, 조명 솔루션 제조업체로 하드웨어 제조사로는 드물게 서드파티의 자사 데이터 활용을 전략적 차원에서 허용한 긍정적 사례로 꼽힌다. 시그니파이는 전통적 하드웨어 기업 중에서 소프트웨어 개발과 데이터 플랫폼 구축 역량을 갖춘 몇 안 되는 업체 가운데 하나다. 데이터를 무상 제공하는 개방형 생태계를 구축함으로써 시그니파이가 만든 하드웨어에서 작동하는 서드파티 애플리케이션 개발이 가능해졌다. 원칙적으로 이 하드웨어들은 다른 모든 커넥티드 기기와 연결해서 데이터를 제공할 수 있는데, 이는 전면적인 데이터 개방으로 모든 커넥티드 기기 간의 상호 운용성을 제공하는 다면적 운영체제인 안드로이드와 매우 유사하다.[3]

　하드웨어 제조사들에게는 선택 가능한 다른 대안도 있다. 애플이 그랬던 것처럼 하드웨어 제조사가 관리자가 돼서 누가 공유된 데이터를 받아 함께 협업할 수 있는지를 결정하는 방식이다. 아니면 블록체인 기술을 이용해서 데이터의 최초 생성자가 개별적으로 선정된 서드파티 업체에 통제 가능한 데이터 추가 사용 권한을 부여하는 플랫폼 메커니즘을 만들 수도 있다.

CSP나 플랫폼 제공업체, 하드웨어 제조사 등 커넥티드 생태계에 참여한 모든 주체들은 현재 각자 처한 위치와 상관없이 5G 이전 시대의 연결성 제약에 여전히 발목 잡혀 있다. 와이파이가 대부분 가정에서 무선 연결에 가장 많이 쓰이는 기술표준의 위치를 지키고 있기 때문이다. 지그비나 지웨이브처럼 와이파이와 유사한 비인가 개인용 근거리 네트워크 기술Personal Area Networks, PAN이 등장하긴 했지만, 이미 집마다 공간을 차지하고 있는 와이파이 공유기에 추가로 또 다른 허브를 설치해야 하는 문제를 안고 있다. 하드웨어 제조사의 경우 이를 최대한 활용하기 위해 와이파이와 저전력 PAN을 '최상의' 연결성 상품으로 내세웠다. 와이파이 기반 기술은 저렴하긴 하지만, 가정에서 완벽한 개인정보 보호와 보안 서비스 경험을 제공할 수 있을 만큼 신뢰성이나 보안성이 높지 않기 때문이다.

이처럼 파편화된 연결성은 때론 데이터의 흐름과 확산성까지 저해한다. 데이터의 확산성data pervasiveness은 소비자 행동을 기대하고 제공하는 양질의 서비스를 통합 관리하기 위한 필수 요소다. 구체적으로 표현하면, 퓨처홈은 고도로 상호 연결된 상태에서 데이터를 기반으로 자체적으로 수행한 폭넓은 '관찰'을 통해 스스로 결론을 도출할 수 있어야 한다.

예를 들어 왜 오늘은 오전 8시에 진공청소기가 돌아가지 않는 걸까? 왜냐면 퓨처홈이 몇 가지 데이터를 서로 연결해 분석한 결과,

평소와 다른 특이사항을 인식했기 때문이다. 샤워기가 늘 틀어지던 시간에 잠겨 있었고, 온도조절 장치의 온도가 평상시보다 높게 올라간 데다, 간밤에 누군가가 침대 주변을 몇 번이나 서성인 것이 감지됐다. 게다가 스마트 스피커가 근육통에 대한 질문을 받았고, 지능형 약통이 진통제가 투약된 것을 파악했으며, 보건부가 거주자가 재직 중인 근처 초등학교에서 독감이 발생했다고 발표한 것이다. 이 모든 2차 정보를 통해 이 집의 거주자는 오늘 몸이 아파서 침대에 누워있을 것이라는 판단이 내려졌고 따라서 진공청소기 소음으로 휴식에 지장을 초래하는 일은 하루 이틀 정도 뒤로 미뤄도 된다는 결론이 도출됐다. 거주자는 일상적이었던 일과들이 꼭 필요한 회복과 휴식을 방해할까 봐 신경 쓰지 않고 편히 수면을 취할 수 있게 됐다. 하지만 이처럼 수준 높은 데이터 공유와 상호 연계가 가능하려면 모든 참여자를 위한 표준화, 동기를 유발하는 비즈니스 모델, 가치사슬 상의 혜택이 필요하다.

퓨처홈을 가로막아온
4가지 장애물

CSP와 하드웨어 제조업체, 플랫폼 제공자 간의 극심한 파편화뿐 아니라 신기술 도입 초기 단계면 어김없이 등장하는 다른 문제들도 있다. 스마트 초인종이 바람에 날리는 덤불을 현관에 뭔가 움직임이 있는 것으로 오판하는 바람에 중요한 회의에 참석 중인 사용자에게 계속 움직이는 덤불 영상을 보낸다든지, 스마트 스피커가 TV에서 나온 소리에 잘못 반응하는 통에 아기가 곤히 자고 있는데 큰소리로 답을 한다든지 하는 문제들이다.

이 밖에도 커넥티드홈 테크놀로지와 서비스 제공업체들이 소비자 기대에 부응함으로써 합리적이고 일관성 있는 퓨처홈 기술 시장을 만들어내지 못하게 가로막아온 장애물이 4가지 더 있다. 5G 기술의 결정적인 도움을 통해 이 문제들을 극복할 수 있는 방안을 이해하기 위해서는 이 문제들을 우선 상세히 살펴볼 필요가 있다.

1. 커넥티드홈 기기의 지나치게 비싼 가격

첫 번째 장애물은 초기 비용이다. 논커넥티드non-connected 기기와 커넥티드 기기 간에는 여전히 큰 가격차가 존재한다. **그림 4.1**에 몇 가지 사례가 제시돼 있다. 이를 요약하면 냉장고부터 자동 온도조절 장치까지 현재 시판 중인 커넥티드 기기는 하드웨어 유형에 따라 평균 150퍼센트에서 무려 2,000퍼센트 가까이나 더 비싼 것으로 드러났다. CPU와 센서, AI 소프트웨어처럼 각각의 가격이 무척 비싼 첨단 기술과 부품이 커넥티드 기기에 내장됐기 때문에 이런 가격차가 보통 당연한 것으로 받아들여져 왔다.

그러나 시장에서 성공을 거둔 커넥티드 기기의 경우 큰 가격차가 계속 유지될 가능성은 높지 않다. 커넥티드홈 기기가 가치를 높인다는 소비자의 판단이 서면, 수요가 늘어나서 규모의 경제가 기기

그림 4.1 **커넥티드-논커넥티드 기기 가격 비교[4]**

홈 디바이스	논커넥티드 기기	커넥티드 기기	가격차	가격 증가율
냉장고	2,000달러	3,500달러	1,500달러	75%
도어락	35달러	150달러	115달러	329%
전구	2달러	10달러	8달러	400%
초인종	16달러	130달러	114달러	713%
진공청소기	50달러	500달러	450달러	900%
전기 콘센트	1달러	15달러	14달러	1400%
자동 온도조절 장치	14달러	250달러	236달러	1686%

가격을 끌어내릴 것이다. 예를 들어 TV는 표에 언급되지는 않았지만, 이제는 논커넥티드 TV 자체를 구입하기가 사실상 어려워졌다. 논커넥티드 TV가 있다고 해도 커넥티드 TV와 비교했을 때 가격 차이는 미미한 수준이다.

그럼에도 불구하고 규모의 경제에 도달하기 위해 요구되는 명확한 가치 제안은 온갖 기기들이 제공하는 경험을 효과적으로 조율할 집의 통합 관리자에게 달려 있다. 이를 통해 이 기기들은 보다 영리한 집, 나아가 보다 자동화된 집, 그리고 최종적으로는 스스로 예측하고 거주자를 위해 판단하고 거주자가 어디든 내 집 같은 편안함을 느낄 수 있도록 퓨처홈의 일부가 될 것이다.

2. 비실용적인 설정 과정

퓨처홈으로 가는 길의 두 번째 장애물은 실용성의 부족이다. 현재 홈 테크 시장에서 자신의 집에 딱 맞는 기술 스택을 갖추기란 결코 쉽지 않다. 기기마다 서로 다른 설정 과정을 요구하고, 전원을 켜서 로그인만 하면 바로 동작하는 플러그 앤드 플레이 방식은 거의 찾아보기 힘든 상황이다.

비즈니스 프로세스 아웃소싱 전문기업인 아이퀄iQor's이 실시한 '고객 및 제품 경험 360 설문조사' 결과, 소비자는 커넥티드홈의 설정 문제를 해결하기 위해 고객센터 상담을 포함해 평균 2.5시간을 쓰는 것으로 밝혀졌다.[5] 커넥티드홈의 존재 가치는 우리 삶을 간단하게 만드는 것이 목표지만, 커넥티드홈의 설정은 복잡하기 그지없는 DIY 프로젝트인 것으로 드러났다. 시장조사기관 팍스 어소시에이츠Parks Associates는 스마트홈 기기 소유자의 28퍼센트가 설정 과정이 어렵거나 매우 어렵다고 평가했다고 밝혔다.[6] 같은 조사 보고서에서 DIY 방식으로 기기를 설치한 소비자들에게 (관련 비용이 얼마든 상관없이) 미래에 기기를 어떤 방식으로 설치하고 싶은지 물었을 때, 41퍼센트가 일정 형태의 기술 지원을 받고 싶다는 뜻을 내비쳤다.

다시 말해서 사람들은 DIY보다는 DIFM을 원하며, 특히 퓨처홈의 경우는 더욱더 그렇다. 2장에서 언급한 대로 액센츄어가 최근 13개국 6천여 명을 대상으로 실시한 설문조사 결과, 커넥티드홈 제품과 서비스 소비자 가운데 불과 2.5퍼센트만 자신을 모험가라고 생각하는 것으로 나타났다. 모험가는 앞서 말한 것처럼 신기술과 최신 제품 및 서비스를 앞장서서 적극적으로 받아들이는 사람을 뜻한다. 같은 조사에서 63퍼센트는 유행에 한 걸음 뒤처져 따라오는 탐색가 유형으로 다른 사람들이 검증하고 대신 설치해줘서 모든 것이 편해질 때 비로소 퓨처홈에서 살 마음을 먹는 것으로 나타났다.[7]

따라서 현재 커넥티드홈은 기술 수용 곡선의 초기 개척 단계에 빠져서 대량 판매 시장 수용 단계로 나아가려고 애쓰고 있는 상태라고 할 수 있다.

3. 파편화

퓨처홈 시장의 발전을 가로막는 세 번째 심각한 장애물은 기술의 파편화다. 홈 커넥티비티는 지금까지 매우 구체적인 적용 사례들을 해결하기 위해 구축되어 오다 보니 관련 기술들이 통일된 기준 없이 우후죽순 확대되는 바람에 다양한 기술과 표준이 집으로 밀려들었다. 기기들은 제각기 다른 기술표준과 주파수 대역 또는 데이터 속도를 사용하고, 도달 거리도 제각각인 데다 전력 사용량도 서로 다르고, 통합하는 데 드는 비용도 만만치 않다.

현재 커넥티드홈에서는 몇 가지 무선 기술표준이 서로 연결되지 않은 채 함께 사용되고 있다. 와이파이 장비 옆에 지그비가, 그

옆에는 지웨이브가, 또 그 옆에는 3G나 4G LTE 장비가 있는 식이다. 서로 통신하거나 데이터를 제공하지 않는 상이한 통신 프로토콜과 기술 정책이 너무 많이 사용되고 있어서 끊김 없는 퓨처홈 솔루션의 대중화를 저해하는 요인이 되고 있다.

이 같은 상황은 소비자들에게 설득력 있는 가치 제안을 하기에 너무 많은 저항을 만들어낼 뿐이다. 뛰어난 사용자 경험을 위해서는 홈 테크놀로지가 모든 것을 감지하고, 이해하고, 퓨처홈에서 일어나는 모든 상황에 맞춰 행동하고 이를 통해 학습할 수 있어야 한다. 이를 위해서는 AI 같은 첨단 기술이 필수적이다. 이 책에서 말하는 AI는 장비 또는 시스템이 사람을 감지하고 이해하고 동작할 수 있도록 하는 일련의 기술을 의미한다. AI 기술에는 기초적인 패턴 매칭과 머신러닝, 컴퓨터 비전, 자연어 처리, 응용 분석이 포함되지만, 이것에만 국한되지는 않는다. 그런데 문제는 이 첨단 기술들이 막힘없는 데이터 흐름과 함께 구조화 데이터와 비구조화 데이터를 망라하는 방대한 양의 데이터에 대한 자유로운 접근을 필요로 한다는 것이다. 이쯤 되면 선결 요건이 무엇인지 분명하게 알 수 있다. 바로 보편적 연결성universal connectivity이다. 보편적 연결성은 이제 5G라는 기술표준의 형태로 현실화됐다. 모든 기기와 서비스가 서로 쉽게 대화를 나누고 데이터를 공유할 수 있을 때 커넥티드홈을 퓨처홈으로 바꾸는 과정이 더욱 탄력받게 될 것이다.

4. 와이파이의 약점

퓨처홈 시장의 번영을 막는 네 번째 장애물은 현재 가정에서 널리 사용되는 와이파이 무선 기술표준이다. 이 무료 무선 접속 기술은 보통 유료 서비스인 가정용 광대역 접속을 기반으로 제공되는데, 광대역 접속은 보통 동축 케이블이나 광케이블 또는 유선 전화선ADSL을 통해 집에 연결되는 이른바 '라스트 마일'로 최종적으로는 모두 핵심 네트워크에 연결된다.

그런데 와이파이 아키텍처에는 몇 군데 장애 지점이 있어서 기술의 신뢰성이 떨어지고 때로는 보안성도 5G에 비해 취약하다. 와이파이의 경우 누구나 자유롭게 쓸 수 있기 때문에 인구 밀집 지역 같은 곳에서의 무분별한 사용이 취약점이 될 수 있다. 도시나 아파트 단지에서도 너무 많은 접속자들이 한정적인 와이파이 주파수(2.4GHz와 5GHz)를 놓고 경쟁하면서 가용 주파수 채널을 점유해서 시스템 전체 속도를 느리게 만들 뿐 아니라 서로 다른 사용자 기기 간에 간섭을 유발하기도 한다. 최신 기술표준인 와이파이6와 와이파이 헤일로Wi-Fi HaLow 역시 정체와 간섭 문제에 취약하기는 마찬가지다. 예를 들어 와이파이 헤일로는 무선 전화기나 조명 제어 장치, 증강현실 장비 등 몇몇 다른 홈 디바이스와 대역폭을 공유하고 있어서 간섭이 발생할 수 있다.

와이파이 기술의 전반적인 문제점은 이 밖에도 더 있다. 한 예로 전원 공급이 끊겼을 때 와이파이에 접속이 안 되는 것을 와이파이 공유기가 알아서 체크해 확인하지 않기 때문에 전원이 복구된 후에 모든 와이파이 기기가 자동으로 재연결된다고 장담할 수 없다. 이는 현재 커넥티드 기기들이 모두 서로 다른 제조업체에 의해 만들어져서 설계나 안테나 배치, 부품 품질이 제각각 다르기 때문이다. 반면 셀룰러 5G나 4G LTE는 접속이 안 될 경우 기지국에서 이를 확인해 알려준다. 하지만 5G도 단말기 문제일 경우에는 정전 복구 후에 추가적인 재설정 행위 없이 자동으로 서비스가 복구된다고 100퍼센트 보장하지는 못한다.

와이파이의 또 다른 문제는 바로 짧은 도달 거리다. 앞서 언급한 것처럼 와이파이는 보통 자유롭게 사용할 수 있는 2.4GHz에서 5GHz 범위의 공용 전파 대역을 사용한다. 때문에 실제로 와이파이 신호가 짧은 거리까지만 도달해서 집 안에서도 와이파이 신호가 잡히지 않는 '사각지대'나 신호가 무척 약한 지점이 생긴다. 5G의 경우 스몰셀small-cell(기지국 신호가 미치지 않는 음영지역에 자체적으로 신호를 전달하는 초소형 기지국 장비 – 옮긴이) 인프라가 도입돼 이런 문제가 발생하지 않는다. 게다가 와이파이 광대역 모뎀 라우터들은 좀처럼 최신 하드웨어나 소프트웨어로 업데이트되지 않아서 하드웨어의 빠른 노후와 이에 따른 데이터 보안 위협이 빈발한다.

와이파이 네트워크에서 데이터는 기기와 라우터 사이만을 이동한다. 그다음에 유선 네트워크로 데이터가 넘어가는데, 이 유선 네트워크가 서비스의 속도를 제한하고 저하시킨다. 이 같은 상황은 라스트 마일 연결방식이 구형 전화선인 경우 (구리선의 병목 현상으로 인해) 특히 더 심각하다. 예를 들어 앞마당을 공사하다가 실수로 광대역 회선을 절단하게 되면 네트워크가 작동하지 않게 되는데, 이런 상태에서도 일부 기기에서는 여전히 와이파이 신호 강도가 최대치라고 표시되는 일이 발생하는 것이다.

마지막으로 와이파이의 상대적으로 느린 응답속도도 걸림돌이다. 실제 사례를 보면, 개별 인터넷 서비스 제공자들은 인터넷망에 도달하기 위해 장거리 광케이블 네트워크 또는 통신사 간 연결 서비스를 구축 또는 임대하거나 해당 서비스 사업자와 제휴를 맺어야 한다.• 와이파이 홈 솔루션들은 대부분 스마트폰 터치나 스마트 스피커를 통한 음성 입력을 제어 수단으로 사용한다. 이 신호가 커넥티드홈 기기에 도달하려면 여전히 많은 핸드오버 지점handover points(데이터가 장거리를 이동하는 동안 특정 기지국 또는 라우터에서 다른 기지국/중계기로 넘어가는 지점 – 옮긴이)을 통과해야 하는데, 기존 와이파이 접속의 지연시간이 긴 것은 바로 이 때문이다. 지연시간은 자극과 반응 사이, 즉 문자 그대로 버튼을 누른 시간과 그 행동이 뭔가를 작동시키는 데 걸리는 시간 사이의 지체를 의미한다. 스마트 스피커의 AI 비서에게 방에 있는 전등을 켜달라고 요청했을 때 실제로 불이 켜지기까지 왜 몇 초 또는 그 이상의 시간이 걸리는지 궁금했을 것이다. 이는 순전히 명령에서 실행까지 나아가는 길에 너무 많은 관문을 통과해야 하기 때문이다. **그림 4.2**는 전형적인 주택 내 와이파이 접속 과

• 우리나라의 경우 통신사들을 연결시켜주는 중간 서비스 없이 통신사 간 다이렉트로 연결되어 있으며, 그 결과 인터넷 속도가 더 빠르다.

그림 4.2 와이파이·지그비·지웨이브 커넥티드홈의 잠재적 장애 지점

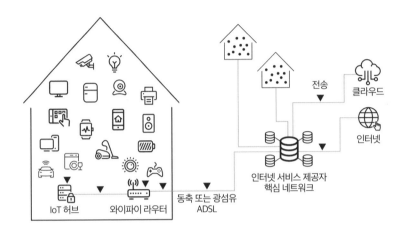

IoT 허브　와이파이 라우터　동축 또는 광섬유 ADSL　인터넷 서비스 제공자 핵심 네트워크　전송　클라우드　인터넷

▼: 미인가 및 공유 주파수가 포함된 간섭 및 지체가 예상되는 잠재적 장애 지점

와이파이 기존의 커넥티드홈에서 와이파이 무선 기술표준은 보통 인터넷과 유선 게이트웨이 접속을 제공하는 라우터를 통해 랩톱이나 스마트폰, 태블릿 같은 기기들을 연결한다. 그 밖에도 초인종이나 자동 온도조절 장치, 스마트 전력량계, 가전제품을 비롯한 다수의 가정용 기기가 와이파이를 통해 연결되고 있다. 대역폭 용량이 제한돼 있고 건물 내에서의 도달거리가 20~30미터에 불과하기 때문에 첨단 퓨처홈 애플리케이션에는 적합하지 않다.

지그비 기기 간 데이터 네트워크 제공을 목적으로 개발된 개방형 무선 기술표준으로 커넥티드홈에서 운용되는 지그비 네트워크는 상대적으로 저비용이고, 일단 연결되고 나면 와이파이에 비해 기기의 전력 소모량이 매우 적은 장점이 있다.

지웨이브 커넥티드홈 네트워크에서 자동 온도조절 장치와 초인종, 창문 센서 같은 기기를 연결하는 데 사용되는 무선 통신 기술표준으로 지그비보다 더 간단하고 훨씬 더 저렴한 대체 기술로 개발됐으며, 와이파이에 비해 전력 효율도 더 높다.

정에서 발생 가능한 몇 군데 장애 지점을 보여준다.

또한 와이파이를 현재 널리 보급된 4G LTE 기술표준(**그림 4.3** 참조)처럼 인가된 이동통신 기술과 비교해보면, 네트워크의 신뢰도와 보안성, 이동성, 로밍 측면에서 이동통신 기술의 우위가 명백해진다. 커버리지coverage 범위 하나만 봐도 와이파이 신호의 도달거리는 최대 약 50미터인데 비해 4G LTE 이동통신 신호는 1만 6천 미터에 달한다.

그림 4.3 **와이파이와 4G LTE 비교[8]**

	2.4GHz 와이파이	5GHz 와이파이	4G LTE
기술표준	802.11b/g/n	802.11b/g/n/ac/ax	3GPP 릴리즈 8~15
주파수 대역	2.4~2.5GHz	5GHz	6GHz 이하
최대 전송률 (다운로드 기준)	450~600Mbps	최대 1,300Mbps	최대 1,000Mbps
커버리지 범위	40미터 이내 (실내 기준)	15~20미터	3,000~16,000미터
신뢰도	보통	보통	높음 (99.999% 신뢰도)
보안성	보통	보통	높음 (암호화)
이동성	낮음 (수 미터)	낮음 (수 미터)	높음 (수 킬로미터)

그럼에도 불구하고 와이파이 기술은 그 자체로 매우 중요한 장점이 있다. 바로 저렴한 비용이다. 자유롭게 사용 가능한 전파로서, 사용자에게 이 점은 아마도 5G보다 훨씬 쉽게 마케팅될 수 있을 것이다. 5G의 경우 휴대전화 기기 약정 요금제나 사용 기간 요금제 또는 데이터 요금제 등 다소 복잡한 형식으로 최종 사용자에게 판매되기 때문이다.

5G를 이용한
커넥티드홈의 퓨처홈 전환

이동통신 기술에서는 대략 10년에 한 번꼴로 세대교체의 도약이 일어난다. 5G는 그 이름이 말해주듯 5세대 이동통신 기술로, 현재 표준인 국제이동통신표준화협력기구3rd Generation Partnership Project, 3GPP의 릴리즈 15release 15●를 기준으로 볼 때 직전 세대 기술인 4G보다 3가지 중요한 개선이 기대된다.

1. 최대 데이터 전송률이 10Gbps로 초고속 서비스eMBB 구현
2. 1제곱킬로미터 면적당 기기 100만 개까지 연결되는 대규모massive 사물 인터넷인 초연결mIoT 구현

● 3GPP에서 시기별로 발표하는 것을 릴리즈라고 하며 발표 순서대로 번호를 매긴다.

3. 지연시간 1밀리초ms(1밀리초는 1초의 1,000분의 1)로 초고신뢰-초
   저지연 통신URLLC 구현[9]

   이 같은 5G의 이론적 성능 향상은 전 산업계에 엄청난 기회를
제공할 것이다. 특히 퓨처홈 생태계 내에서 협력하는 기업들에게 더
큰 기회가 될 전망이다.
   그림 4.4는 앞선 세대의 이동통신 기술표준들이 어떤 기능을 제
공했는지와 함께 무선 네트워크가 오랜 시간 동안 음성과 문자 전송
에 치중해왔음을 보여준다. 2019년 무렵부터 모바일 인터넷의 데이
터 처리량과 속도에 대한 대폭적인 증가가 요구되기 시작했는데, 두
가지 모두 5G에 의해 해소됐다.

그림 4.4 이동통신 기술 세대별 성능 비교[10]

1G	2G	3G	4G	5G
1980~	1990~	2000~	2010~	2020~
모바일 음성	음성, 문자	음성, 문자, 데이터	모바일 인터넷	속도 및 반응성, 다수 기기 접속 능력 향상
2Kbps 미만 아날로그 셀룰러	64Kbps 미만 GSM, TDMA, CDMA	42Mbps 미만 UMTS, HSPA, EVDO	1Gbps 미만 LTE, LTE Advanced	10Gbps 이상 5G new radio, standalone core

1. 초고속: 새로운 주파수 대역을 통한 5G 구현

5G 무선 기술이 이처럼 강력한 성능을 발휘하는 것은 새로 사용 가능해진 주파수 대역들과 가용 대역폭 덕분이다. 이전 세대 이동통신 기술에서는 24GHz에서 300GHz에 이르는 고주파 대역을 이용할 수 없었다. 밀리미터파mmWave로도 불리는 이 새로운 주파수대를 폭넓게 사용할 수 있게 된 것이 5G가 4G 대비 엄청난 속도의 장점을 실현할 수 있게 된 기반이다.

그러나 넓은 고주파 대역은 대역폭과 속도, 처리량의 증가에는 도움이 되지만, 전송 거리를 희생시키는 단점이 있다. 그러므로 성공적인 5G를 위해서는 고주파, 중주파, 저주파 3가지 주파수 대역의 다양한 조합이 필요하다. 이는 파장 길이에 따른 구분이다. 고주파의 전파는 파장이 짧아서 많은 양의 데이터를 매우 빠른 속도로 실어 나를 수 있지만, 수 미터 수준의 짧은 거리까지만 도달 가능하다. 저주파는 이와 반대로 수 킬로미터 수준의 먼 거리까지 도달 가능하지만, 속도를 유지할 수 있을 만큼 주파수 대역이 넓지 않다. 중주파의 주파수는 데이터 처리량과 커버리지의 훌륭한 조합을 보여준다.

따라서 세 주파수 대역은 각각 서로 다른 적용 사례와 활용 목적에 적합하며, 이 점에서 5G 기술은 다용도로 활용이 가능하다. 고주파가 높은 데이터 처리 능력과 송수신 기기 간 짧은 거리로 도심 지역에 적합하다면, 이전 세대 기술표준인 2G와 3G, 4G에서 지금까지 사용돼온 중주파는 자율주행차처럼 움직이는 차량이나 스포츠

그림 4.5 5G의 다양한 주파수 대역 활용의 중요성

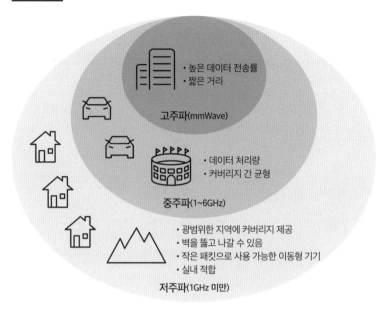

스타디움 혹은 경기장 같은 곳에 적용하기에 가장 좋다. 저주파는 벽을 가장 잘 뚫고 나가고 광대한 커버리지를 제공한다는 점에서 주택이나 좁은 계곡 등지에 아주 적합하다. **그림 4.5**는 각 주파수 대역의 상대적 강점을 보여준다.

퓨처홈에서는 더욱더 많은 기기가 연결될 것이다. 그러면 일부 기기는 와이파이가 제공하는 대역과 같은 주파수대를 요구하지 않을 수도 있어 퓨처홈 내의 저전력 기기와 센서에서 데이터를 전송해야 할 필요성이 제기될 수도 있다. 3GPP는 5G 기술표준 제정을 추진 중인 표준화 기구로 또 하나의 지정 주파수인 협대역 사물 인터넷NB-IoT 역시 저전력 광대역LPWA 적용 사례를 지원하기 위해 5G 기술표준의 일부가 될 것이라고 시사했다. NB-IoT는 작은 크기의 데이터 패킷(통신 네트워크에서 통신 회선을 통하여 단말 사이에 송수신되는 정보의 단위 - 옮긴이)을 장거리로 송신할 수 있는 기술로 배터리 사용량을 늘릴 수 있도록 저전력을 사용해서 저렴한 비용으로 실내용 서비스를 제공하는 데 주력하고 있다.

2. 초저지연: 반응성과 신뢰도가 뛰어난 5G

5G 기술의 가장 큰 경제적 매력은 저지연을 통해 퓨처홈에 적용될 모든 애플리케이션의 높은 반응성을 끌어낼 수 있다는 점이다. 비교해보면 다음과 같다. 트래픽이 포화 상태인 4G LTE 네트워크의 지연시간은 80밀리초 정도다. 그런데 가상현실이나 증강현실 콘텐츠를 헤드 마운티드 디스플레이Head-Mounted Display, HMD에 실시간 스트리밍하려면 이보다 더 지연시간이 짧아야 한다. 사용자가 어지러움을 느끼지 않는 수준이 되려면 지연시간이 최소한 20~50밀리초 정도까지 단축돼야 한다. 5G의 경우 이론상 1밀리초 이하의 저지연을 구현할 수 있으므로 전혀 문제 될 것이 없다. **그림 4.6**은 다른 저지연 기술이나 자연 현상과 비교해 5G가 최신 디지털 기술의 적용에서 엄청난 차이를 만들어낼 것임을 보여준다.

　무엇보다 5G는 와이파이의 장점인 빠른 속도와 지그비, 지웨이브 기술표준의 장점인 낮은 전력 소비를 통합해서 하나의 무선 기술표준을 만들어낼 수 있다. 이렇게 통합된 하나의 연결성 기술표준으

그림 4.6 5G의 지연시간 비교우위

눈 깜빡임	일반적인 인간 반응	4G 이동통신 네트워크	동작에서 화면까지 지연시간	5G 네트워크 + 엣지 컴퓨팅
~300밀리초	~200밀리초	~80밀리초	< 50밀리초	< 1밀리초

로 단순화하면 5G 네트워크에 연결된 모든 기기들은 와이파이나 지그비, 지웨이브에 연결된 기기 대비 5G 이동통신망의 훨씬 높은 신뢰성을 이용할 수 있다. 셀룰러 기술은 전체 접속 시도의 99.999퍼센트는 연결 가능하도록 설계됐기 때문에 5G 셀룰러 기술의 연평균 미작동 시간은 5.26분 정도에 불과하다. 이 정도 수준의 신뢰도는 원격 수술과 자율주행처럼 필수적인 통신 영역뿐 아니라 집에서 의료용 모니터링 장치를 운용하는 데도 특히 중요하다.

3. 초연결: 4G 대비 10배 더 많은 기기와 연결 가능한 5G

그뿐만 아니라 5G 기술은 파편화를 해소함으로써 커넥티드홈의 퓨처홈 전환을 위해 절실히 요구되는 기반 플랫폼을 제공할 잠재력도 갖추고 있다. 5G가 사용 데이터를 한곳에 통합함으로써 전체 생태계가 이를 감지하고 이해하고 대응 조치를 취하고 학습할 수 있게 되면, 그 결과 퓨처홈이 진정 풍부한 경험을 선사하는 서비스를 구현할 수 있게 되는 것이다.

그렇다면 5G가 선사할 새로운 비즈니스 기회를 잠시 살펴보도록 하자. 2034년이면 65세 이상 미국 시민이 7,700만 명에 달해 18세 이하 인구가 약 7,650만 명을 웃돌아 미국 역사상 처음으로 고령 인구가 미성년자보다 더 많아지게 될 전망이다.[11] 앞서 언급한 것처럼 더 많은 개인이 노년기에도 자립을 유지하려고 애쓰면서 에이징 인 플레이스가 앞으로 수십 년간 일상생활에서 매우 중요한 특징이 될 것이다. 하지만 멀리 떨어져 사는 가족 구성원을 매일 같이 안심시키기란 쉽지 않다. 따라서 3장에서 설명한 것처럼 에이징 인 플레이스하고 있는 누군가를 지속적으로 원격 모니터링하려면 신뢰도 높고 안전하고 예측 가능한 경험을 보장할 수 있는 100대 혹은 그 이상의 커넥티드 기기가 필요할 것이다. 이를 좀 더 자세히 살펴보자.

고령자가 사는 집에 충분한 안전과 보안을 제공하려면 고해상도 보안 카메라부터 연기 및 이산화탄소 탐지기, 커넥티드 초인종까지 10대가량의 기기가 필요하다. 영양 상태와 몸무게를 관리하려면 커넥티드 냉장고, 음식 재주문을 위한 커넥티드 식료품 저장실 센서 및 카메라, 커넥티드 체중계 등 추가로 10여 대의 기기와 센서가 더 필요하다. 여기에 고령자의 건강을 모니터링하는 데 필요한 센서와 기기가 최대 20대 정도 더 필요할 것으로 예상된다. 커넥티드 약통, 움직임 추적 기능이 있는 카메라와 변기 및 샤워기, 커넥티드 혈압

측정기, 산소포화도 측정기, 온도계 등이 이 범주에 해당한다.

평범한 일상생활을 영위하고 주변 요인들을 조절하는 데도 커넥티드 온도조절 장치부터 지능형 조명 플러그와 스피커, 모든 방의 공기 질과 습도 그리고 동작을 감지하는 센서, 커넥티드 TV 등의 오락 기능, 랩톱, 태블릿 등 기타 모바일 기기까지 50대에 육박하는 기술 제품이 추가로 요구된다.

이처럼 복잡한 환경을 원활하게 운영하는 데 와이파이와 4G LTE 기술이 할 수 있는 일에는 분명한 한계가 있다. 이론적으로는 표준 규격 와이파이 라우터 한 대로도 그 많은 기기를 동시에 연결할 수 있지만, 각각의 기기들이 가까이 붙어 있으면 모든 기기가 몇 개 안 되는 주파수대를 통과해야 하므로 간섭과 성능 저하를 일으키게 된다.

4G LTE 무선 기술표준조차 특정한 기기와 센서가 포화된 상황에서는 조밀하게 연결된 기기 간에 문제가 발생한다. 현재 미국의 평균적인 주택 크기를 감안하면, 1평방킬로미터 당 4,360가구의 주택이 들어설 수 있다. 고령자들이 노후를 보내는 집마다 커넥티드 기기와 센서가 50개 정도씩 있다면, 커넥티드 물품의 밀집도가 1평방킬로미터 당 대략 21만 8천 개에 육박할 수 있다. 이는 현재 4G LTE 네트워크의 수용 한도의 두 배에 달한다.

이에 반해 5G는 이런 상황에서도 전혀 문제가 없다. 5G 네트워크는 1평방킬로미터 당 100만 개의 기기를 연결할 수 있는데, 이는 새로 지어질 노후 생활자용 주택의 기기와 센서 밀집도를 수용하고도 남는 용량이다.[12]

5G의
친절한 조력자들

현재 커넥티드홈의 기술 및 데이터 파편화를 해소하고 다양한 데이터 전송을 보안성과 신뢰도를 겸비한 하나의 연결로 조율하는 데 5G가 큰 역할을 하겠지만, 이를 위해서는 보완 기술들이 필요하다. 그중에서도 가장 중요한 기술이 eSIM, 엣지 컴퓨팅, 고급 데이터 분석이다.

eSIM을 통한 크기 문제 해결

5G가 유비쿼터스 연결성의 시대를 열기 위해서는 개별 커넥티드홈 기기 모두가 가입자 식별과 기기의 네트워크 연결을 위해 현재 모든 스마트폰에 도입된 가입자 식별 모듈Subscriber Identity Moduel, SIM을 갖춰야 한다. 기존 SIM카드는 가입자를 식별하고 인증하기 위해 전화번호와 관련 키를 저장한다. 그러나 퓨처홈에 사용될 초소형 커넥티드 기기들은 현재 사용되는 SIM 중에 가장 크기가 작은 SIM을 끼워 넣을 공간조차 마땅치 않을 것이다.[13]

　　해결책은 이른바 '임베디드 심embedded SIM, eSIM', 즉 eSIM이다. eSIM은 기기에 내장돼 있어 SIM카드 슬롯이 필요 없다. eSIM은 세계이동통신사업자협회GSMA[14]에 의해 개발됐으며, 프로그래밍이 가능해서 하나의 기기에 복수의 사용자 정보를 저장하거나 네트워크를 통해 기기를 원격으로 설정할 수 있다.

엣지 컴퓨팅을 통한 네트워크 마일리지 제거

최근 들어 컴퓨팅 파워가 대거 클라우드로 이동함에 따라 유선 또는 무선 접속을 통해 원격지에 중앙 집중식으로 구축된 컴퓨팅 자원을 이용할 수 있게 됐다. 중앙집중식 클라우드 개념은 대용량 데이터 처리, 빅데이터 저장 및 분석 같은 대단한 일을 해낼 수 있다. 하지만 퓨처홈에 관한 한 중앙집중식 클라우드는 큰 한계를 동시에 안고 있다. 긴 지연시간과 대용량 데이터 전송에 따른 높은 비용이 바로 그것이다.

이를 해결하기 위해 등장한 기술이 바로 엣지 컴퓨팅이다. 이 기술은 간단히 말해 분산 처리 능력의 부활이라고 할 수 있다. 엣지 컴퓨팅은 소규모에 보다 지역화된 데이터 센터를 기반으로 구축되지만, 동시에 처리 능력과 저장 용량 등에서는 중앙집중식 클라우드 방식의 일부 장점을 활용한다. 보다 지역화된 클라우드를 통해 더 빠른 응답 시간과 저지연을 구현한다.

앞서 언급한 '와이파이 약점' 부분에서 스마트 스피커에 전등을 켜달라고 요청한 사례를 기억하는가? 이에 대한 응답 속도가 느리고 종잡을 수 없는 것은 그 요청이 와이파이를 타고 스피커에서 라우터에 전해진 다음, 광대역 연결을 통해 핵심 네트워크에 다다른 뒤, 최종적으로는 매우 먼 거리에 위치한 데이터 센터에까지 도달해야 하기 때문이다. 이 원거리 데이터 센터는 그제야 전등을 켜달라는 요청을 접수한 뒤 전등을 켜라는 명령을 똑같이 복잡한 경로를 통해 역으로 거슬러서 내보낸다. 이에 반해 5G와 엣지 컴퓨팅이 결합되면 지역 내에 존재하는 인접 엣지 컴퓨팅 센터에서 모든 일을 간단히 해결함으로써 훨씬 더 빠르게 명령을 수행할 수 있다. 이 같은 설정은 와이파이를 엣지 컴퓨팅과 결합해도 문제없이 작동하는 것으로 확인됐다.

더 똑똑한 기기들을 위한 고급 데이터 분석

커넥티드 기기들은 대용량 데이터를 전송할 수 있는 능력은 매우 좋지만, 실제로 이를 이용해 기기의 동작을 결정하기 위해서는 추가로 고급 데이터 분석이 필요하다.

현재 커넥티드홈 솔루션들도 이미 대량의 데이터를 정리해서 사용 패턴을 매칭시키는 기능을 갖추고 있다. 하지만 여기서 사용되는 패턴 매칭 절차는 실제로는 사용자를 짜증 나게 만들 수 있다. 예를 들어 당신 집 거실의 자동 온도조절 장치가 패턴 매칭을 통해 당신이 겨울에는 보통 매일 아침 8시 30분에 출근한다는 사실을 알고 있다. 그래서 자동 온도조절 장치는 절약을 위해 이 시간이 되면 난방을 줄인다. 그런데 만약 당신이 몸이 아파서 결근하고 집에 누워 있는 상황이라면 몸을 일으켜 다시 온도를 올려야 하니 패턴 매칭이 성가시게 느껴질 것이다.

이런 상황에서는 구체적인 맥락을 파악하고 적절한 행동을 추천하기 위해 고급 분석 도구를 통해 더 많은 데이터를 공급할 필요가 있다. 쉽게 말해 평상시와 달리 당신이 그 시간에도 집에 머물러 있다는 것을 변화된 데이터를 통해 시스템이 알아차려야 한다.

고급 데이터 분석은 사실을 바탕으로 맥락을 판단하는 일련의 데이터 기반 기법을 제공함으로써 정확히 그 같은 일을 해낼 수 있다. 5G의 저지연—고속 데이터 처리 능력이 고급 분석 기술과 결합할 때 비로소 자동 온도조절 장치(를 비롯한 여러 기기들)에게 전후 상황에 맞는 적절한 대응 방안을 제공할 수 있다.

5G 퓨처홈 전환을 위한 첫걸음: 4가지 난제의 극복

이 장을 마무리하면서 퓨처홈과 5G 기반 퓨처홈 시장의 발전을 가로막고 있는 4가지 핵심 난제를 다시 한번 간단히 살펴보자.

과제 1: 생태계 정상화를 통한 퓨처홈 기기 가격 인하

기업들은 올바른 퓨처홈 생태계 조성을 위해 협력해야 한다. 이는 홈 테크 기기를 위한 연결 프로토콜과 데이터 교환 절차를 표준화함으로써 퓨처홈 기기의 판매량을 크게 늘리는 데 초점을 맞추는 것이 바람직하다. 클러스터cluster 구축을 위한 더 많은 협력사 규합, 더욱 정확한 퓨처홈 관련 전망 제공, 그리고 대규모 구매 계약 체결이 하드웨어 제조업체들이 물량을 기반으로 가격을 인하하는 방식을 가속화하는 데 도움이 될 것이다.

과제 2: 5G를 활용한 설정 문제 해결

기업들은 퓨처홈의 설계자가 될 신규 고객들을 더욱더 잘 이해할 필요가 있다. 고객들은 가치 지향적으로 돈을 절약하기 위해 시간을 쓰기를 원할까, 아니면 편의 지향적으로 시간을 절약하기 위해 기꺼이 돈을 지불하기를 원할까?

답은 후자다. 퓨처홈의 설계자는 주로 밀레니얼 세대와 Z세대가 될 것이다. 이들은 DIY보다는 DIFM 사고방식을 선호해서 삶을 편리하게 만들어주는 일에 기꺼이 지갑을 연다. 따라서 기업들은 홈 디바이스 설정 과정을 단순화해야 한다. 5G 기술을 활용해서 스마트폰 전원을 켜면 자동으로 이동통신망에 연결되듯 기기를 켜기만 하면 인식되는 플러그 앤드 플레이 방식으로 작동하는 퓨처홈을 만들어내야 한다. 이는 소비자들이 기꺼이 더 큰 비용을 지불해서 얻으려고 하는 편리함에서 큰 비중을 차지한다.

물론 퓨처홈에서 서비스 비용을 과다하게 책정하거나 잘못된 비즈니스 모델을 채택하지 않는 것도 중요하다. 소비자는 퓨처홈에 기기를 추가할 때마다 별도로 월 사용료를 내고 싶어 하지 않는다. CSP가 5G 주파수 면허를 획득하기 위해 수십억 달러를 지불했기 때문에 이 막대한 투자를 최대한 빨리 회수하고 싶어 하는 것도 이해는 된다. 하지만 커넥티드 기기와 마찬가지로 홈서비스의 초기 비용이 너무 높게 책정될 경우 사용자 경험의 수준이 매우 뛰어나더라도 소비자의 의욕을 꺾을 수 있다는 사실을 명심해야 한다.

과제 3: 5G를 활용한 파편화된 연결성 문제 해소

5G는 현재 커넥티드홈의 파편화된 무선 기술들을 조율해서 사용 중인 각각의 무선 기술표준의 한계를 해결할 능력이 있다. 지그비나 지웨이브 같은 메시 무선 프로토콜(기기가 인접한 다른 기기의 정보를 전달해 줌으로써 저전력 소형 기기의 통신 거리 제약을 극복하는 기술 – 옮긴이)이나 와이파이(전력 소모가 상당하다), 블루투스(연결 가능한 기기 수가 제한적이다) 등 복잡하게 얽힌 서로 다른 무선 기술표준을 통합해서 끊김 없고 신뢰도 높은 단일한 솔루션을 만들어낼 수 있다. 또한 물리적 모뎀이나 게이트웨이, 라우터 상자를 놓을 필요도 없다.

과제 4: 정보 풀의 통합과 공익 목적의 접속 허용

퓨처홈 개발에 관련된 기업들은 사용자 사고방식과 상황 맥락에 초점을 맞춘 수집된 데이터 사용을 위해 공동의 비전과 비즈니스 모델, 파트너십을 함께 만들어내야 한다. 이때 5G 연결성은 모든 홈 디바이스를 통합하는 데 도움을 줄 수 있으며 집 밖에 있는 정보 풀이나 출처로부터 필요한 데이터를 선별적으로 받아들이는 데도 도움이 될 수 있다. 그리고 수집된 데이터와 정보들이 통일된 '데이터 공급원source of truth(데이터를 관리하고 공급하는 곳 – 옮긴이)'으로 흘러들어가야 공동 데이터 레이크data lake(데이터를 거대한 호수에 넣어두고 필요한 부서나 담당자들이 그때그때 빼서 사용하는 것 – 옮긴이)를 통해 신뢰할 만한 협력사들이 가정 내 사용자에게 더욱 적절하고 개인화된 서비스를 제공할 수 있다. 이 통합 정보 풀은 퓨처홈이 장소를 불문하고 집처럼 편안하게 느낄 수 있는 단계로 발전하는 데 특히 중요한 역할을 하게 될 것이다.

1. 현재 커넥티드홈은 일관성 없는 기기와 프로토콜, 무선 기술표준들이 우후죽순처럼 난립하는 상황으로 5G 기술을 통해 이 모두를 하나로 통합할 수 있다.

2. 5G와 5G의 세분화된 주파수 대역은 속도와 저지연, 연결된 기기 수의 유연한 균형을 끌어냄으로써 퓨처홈에서 새로운 애플리케이션을 만들어내서 작동시키기에 가장 적합한 기술이다.

3. 하지만 5G의 사용자 경험을 최대한 구현하기 위해서는 eSIM과 엣지 컴퓨팅, AI 같은 보완 기술들이 필요하다.

미리
보기

개인정보 보호와 데이터 보안에 관한 우려사항들은 퓨처홈과 관련된 소비자 신뢰를 저해할 것으로 예상된다. 현재 커넥티드홈은 우리가 하는 말에 귀 기울여 듣고 있긴 하지만, 혁신적인 도약을 통해 퓨처홈은 우리의 말을 이해하고 우리 대신 생각하며 행동할 수 있어야 한다. 이를 위해서는 퓨처홈이 방대한 양의 개인정보를 취급하고 처리하고 저장해야 하므로 이를 보다 안전하게 보호해야 할 것이다. 이와 함께 연결성의 파편화를 조율하고, 복잡한 설정 문제를 없애고, 데이터 공유를 가로막는 칸막이를 제거하는 5G 기술의 활용으로 인해 퓨처홈의 기기 수도 폭발적으로 증가하게 될 전망이다. 그렇게 될 경우 가장 중요한 질문은 '급증하는 IoT 기기들을 다룰 적절한 사생활 보호와 보안 및 규제 기준을 갖추고 있는가'이다. 그리고 퓨처홈 사용자를 대신해서 적절한 책임감을 가지고 행동할 만큼 '윤리적인' AI 기술이 존재하는지도 생각해볼 문제다. 사용자의 데이터 주권은 퓨처홈 가치사슬 내 모든 공급자의 최우선 고려사항이 되어야 할 것이다. 여기서 CSP는 퓨처홈의 신뢰받는 브랜드이자 주요 조정자로서 오랜 숙제인 사생활 보호와 보안 문제를 다룰 적임자가 될 가능성이 높다.

5장

개인정보 보호와 보안
: 5G 퓨처홈이 넘어야 할 두 개의 산

The
Future Home
in the 5G Era

앞선 장들에서 살펴본 것처럼 퓨처홈과 관련된 사용자 요구는 급격히 변화하는 추세다. 2장에서 설명한 광범위한 사회인구학적 변화와 맞물려 새롭게 대두되는 8가지 유형의 새로운 사용자 사고방식이 퓨처홈을 위한 새로운 비즈니스 모델 개발의 실마리를 제공하고 있다. 5G 무선 기술표준은 바로 앞장에서 설명한 것처럼 몇 가지 보완 기술과 함께 퓨처홈 기술의 핵심 요소로 자리매김함으로써 커넥티드 기기와 새로운 비즈니스 기회의 폭발적 증가를 불러올 것이다. IoT는 2030년 글로벌 경제에 총 14조 달러의 경제적 가치를 보탤 것으로 추산되는데, 그중 상당 부분이 퓨처홈 시장에서 창출될 전망이다.[1] 전 세계적으로 수천만 가구의 집에 이미 구비한 커넥티드 기기 외에 다른 기기들이 추가될 전망으로 상시 인터넷 접속, 마이크와 센서, 비디오카메라와 데이터 수집 및 공유 장치 등 다양한 기기들이 망라할 것으로 보인다.

이렇게 기기 수가 급증하면 기기들이 공유하는 데이터의 양도 엄청나게 늘어나게 된다. 그러면 당연히 개인정보 누출과 무책임한 AI, 사이버 보안 공격에 노출되는 부분도 급격히 증가할 것이다. 게다가 퓨처홈 사용자들이 공급자가 DIFM 방식으로 설치 운영하는 생태계에 가정생활을 의존함으로써 퓨처홈이 진정으로 사용자의 시간을 절약해주고 개별 거주자를 위해 최적의 대안을 예측할 수 있는 수준까지 도달하게 되면 때로는 퓨처홈이 매우 민감할 수도 있는 방대한 양의 데이터를 취급하고 처리해야 할 것이다.

퓨처홈 사용자와 이들에게 서비스를 제공하는 업체 간에 신뢰가 얼마나 중요한지에 대해서는 이미 몇 차례 언급한 바 있다. 일단 개인정보 누출이나 데이터 보안 침해 사고가 발생하면 상황의 경중과 무관하게 신뢰는 순식간에 사라지고 수없이 많은 비즈니스 기회가 무산되고 말 것이다. 따라서 데이터 보안과 개인정보 보호, 윤리적 관리 시스템의 기준을 최대한 높게 설정해야 한다. 이와 관련해서 사용자가 신뢰할 수 있는 역량을 갖추는 것이 퓨처홈의 실현 가능성을 떠받치는 초석이 될 것이다.

이 같은 난관에 대처함에 있어 개인정보 데이터 보호와 데이터 보안, 윤리적 AI가 서로 밀접하게 관련돼 있긴 하지만 근본적으로는 서로 다른 개념이라는 사실을 이해할 필요가 있다.

- **개인정보 데이터 보호**는 개인정보가 자신의 통제 범위를 넘어서 다른 집단에 의해 관리되고 사용되는 것까지 포함해서 개인정보와 신원을 스스로 통제할 권리를 말한다.

- **데이터 보안**은 자신의 개인정보에 누군가가 무단 접근하지 않도록 이를 보호하는 행위를 말한다.
- **윤리적이고 책임감 있는 AI**는 퓨처홈 환경 내의 기기들이 정해진 특정한 도덕적 경계에 따라 사고하고 행동하도록 요구하는 것을 말한다.

이 3가지 항목이 상호 연관된 만큼 우리도 이에 맞춰 논의를 전개할 것이다. 마지막 항목의 경우 사용자들이 사회적 편견이나 이해당사자 등의 영향으로부터 자유로운 상태에서 공정하고 공평한 의사결정에만 노출되는 환경이 반드시 필요하다. 기계가 수행하는 모든 사고와 행동은 이해 가능하면서 동시에 설명 가능해야 하며, 기계의 추천과 행동은 확실한 논거가 뒷받침돼야 한다. 기계는 비반복적이거나 높은 가치가 있는 판단을 인간으로부터 빼앗아서는 안 되며, 필요할 때면 언제든 사용자에게 통제 권한을 돌려줌으로써 결정하고 행동하는 인간의 능력을 증진시켜야 한다.

퓨처홈의 역설: 데이터 공유와 공유 데이터의 보호

사용자로서 퓨처홈에 매료된다는 것은 자신의 필요에 맞춰 초개인화되고 상황 맥락에 기반한 서비스들을 즐긴다는 의미다. 그러나 이런 편리함을 위해서는 개인정보를 내줘야 한다. 이는 개인정보를 편리함과 금전적인 절약과 사실상 맞바꾸는 것을 의미할 수도 있다. 디지털 세상에서 자주 거론되는 개념 가운데 하나가 우리가 그 같은 편리함을 얻는 대가로 우리 자신의 사용 데이터를 '지불'한다는 것으로 이 데이터는 개발자와 광고주를 비롯한 가치사슬 내의 모든 데이터 기반 기업에 금전적 가치가 있는 자산이다.

26개국 2만 6천 명의 소비자를 대상으로 한 조사에서 액센츄어는 개인정보 보호 문제가 퓨처홈으로 가는 길에 걸림돌이 된다고 생각하는 사람이 73퍼센트에 달한다는 사실을 발견했다.[2] 그렇다면 서비스 제공업체, 나아가 퓨처홈 생태계 내의 모든 협력사가 퓨처홈 사용자들의 마음속 온갖 우려사항들을 잠재우고 고객 경험의 개선과 개인화를 위한 데이터의 수집과 처리 사이에서 적절한 균형점을 찾을 수 있는 방법은 무엇일까? 두 번째로 이 기업들이 경쟁의 압박과 책임 있고 윤리적인 AI/ML(인공지능/머신러닝) 아키텍처 사이에서 균형을 유지함으로써 사용자의 이해가 부차적인 문제로 밀려나지 않게 할 방법은 무엇일까? 이 두 번째 문제가 훨씬 까다로운데, 이는 AI 기술 관련 투자와 지식이 처음부터 서로 치열하게 경쟁해온 소수 기업과 국가에 집중돼 있기 때문이다.

개인정보 보호와 책임감 있는 태도의 필요성은 데이터 제공과 활용에 대해 관대한 태도를 보이는 밀레니얼 세대에게도 결국에는 중요한 문제가 될 것이다. 밀레니얼 세대와 Z세대도 앞선 X세대와 베이비붐 세대와 다름없이 자녀를 낳고, 주택을 세내거나 구입하고,

전반적으로 삶의 책임을 늘려가며 여러 사건들을 경험하게 된다. 그들 역시 이 과정을 겪으면서 데이터에 대한 태도가 더 보수적으로 바뀌게 될 것이다. 쉽게 말해 밀레니얼 세대도 생애 단계를 차례로 거치면서 편리함이나 경험 또는 비용 절감을 위해 데이터를 제공할 때 기준으로 삼는 절충점이 바뀔 수 있다는 얘기다. 이는 5G 기반 퓨처홈을 구축하는 과정에서 전체 생태계가 유념해야 할 부분이다.

개인정보 보호와 윤리적 행동은 퓨처홈의 디지털 서비스 제공자들에게는 언제나 움직이는 표적처럼 끊임없이 따라잡아야 할 대상이므로 사업자 입장에서 소비자 신뢰를 유지하기 위해서는 지속적인 분석과 주의가 필요하다. 게다가 현재 커넥티드홈 사용자들이 자신의 데이터가 어떻게 사용되고 있는지 도통 모르는 경우가 태반이라 해결해야 할 숙제도 잔뜩 밀린 상황이다.

결국 데이터 보안은 퓨처홈 시장의 도약을 위해 반드시 필요한 선결 요건이다. 퓨처홈 시장은 사용자들이 현재 자신의 집에 대해 갖는 기대치조차 충족하지 못하는 보안 기준으로는 성립할 수 없다. 여기에서 기대치란 집 안에 있는 데이터는 철저히 집 안에만 머물고, 어떤 외부 업체도 사용자의 동의 없이는 물리적 자산이나 데이터 자산 그 어떤 것에도 접근할 수 없는 것을 말한다. 이 문제를 조금 더 자세히 살펴보자.

현재 커넥티드홈의 데이터 공유

현재 커넥티드홈에서도 이미 스마트 스피커의 AI 비서가 당신과 당신의 가족, 친구가 하는 말을 하루 종일 듣고 있다. AI 비서는 전에 들었거나 처리했거나 저장한 적 있는 '방아쇠'가 되는 단어나 구절[•]에 반응한다.

　예를 들어 AI 비서의 모바일 앱을 열면 앞선 요청사항들이 녹음된 내용을 들을 수 있다는 사실은 이미 잘 알려져 있다. 당신의 요청 사항이 날씨나 음악 재생처럼 전혀 악의가 없는 것들이기 때문에 별로 문제가 될 게 없다고 생각할 수도 있다. 하지만 점점 더 많은 개인정보가 이런 음성인식 기기에 쌓이게 되면 이 정보 가운데 일부는 전혀 의도치 않게 저장된 것일 수도 있고 저장된 정보들이 무한정 보관될 수도 있다. 그중에는 당신이 생각하는 것 이상으로 더 보안에 민감한 내용이 있을 수도 있다. 어쨌든 AI 비서를 설정하는 과정에서 기기가 출근 시간을 추정할 수 있도록 당신이 집 주소를 알려줬으니 말이다. 저런, 집 주소 말고 주소를 하나 더 말해주고도 깜빡 잊고 있었나 보다. 바로 회사 주소다. 그뿐만 아니라 AI 비서가 같은 집에 사는 다른 가족이나 룸메이트의 목소리와 당신의 음성 요청

• 흔히 AI 비서를 부를 때 사용하는 단어로 애플의 '시리'나 구글의 'OK 구글', SK의 '아리야'를 의미한다.

을 구별할 수 있도록 훈련시키면서 무슨 이유에서인지 당신의 생일도 함께 말해주었다. 심지어는 몇몇 특정 서비스를 구동하려고 금융 정보나 의료 정보를 제공했을 수도 있다. 그리고 AI 비서가 (출시 초기 이런 종류의 앱 상당수가 그랬던 것처럼) 당신에게 시답잖은 농담을 건네기 시작하면 재밌다고 생각할지도 모르지만, 시간이 흐르면서 이런 일이 AI 비서의 기반이 되는 AL/ML의 영악한 특성이나 편향된 행동으로 굳어진다면 용인하기 힘들 것이다. 다시 말해 AI가 학습하는 내용이 무엇인지가 큰 문제이긴 하지만, AI가 학습하는 방식, 즉 어떤 태도를 기르는가도 문제다.

만약 스마트 스피커와 AI 비서를 방마다 놓으면 편리함, 생산성 및 시간 절약 효과를 높일 수 있고 당신이 직접 AI 비서에게 말을 건네서 의도적으로 데이터를 제공하지 않아도 당신이 하는 모든 말을 계속 듣고 있기 때문에 당신의 말을 듣는 능력이 향상된다. 스마트 스피커와 AI 비서 중 상당수는 이렇게 수집한 모든 데이터를 무한정 보관하고, 사용자 행동에 대한 추천사항과 대응 행동을 끊임없이 조정한다. 그래서 이 기기들은 매우 빠른 시간 안에 당신의 친구나 배우자보다 당신에 대해 더 속속들이 파악하게 될 것이다. 이는 자연어 처리 시스템과 AI 요소들을 훈련시켜서 사용자 경험을 개선하고 개인화 수준을 높이는 데 음성 데이터가 사용되기 때문이다.

그런데 데이터가 얼마나 오래 보관되는가와 데이터의 사용이 누구에게 허용되는가는 별개의 문제다. 일례로 사법 당국은 디지털 플랫폼과 데이터 서비스 제공업체에 스마트 스피커와 AI 비서에 녹음된 내용에 잠재적 범죄에 관한 정보가 담겨있을지도 모른다는 이유로 이를 제출하도록 강제해왔다. 아마존은 뉴햄프셔주 대법원으로부터 스마트 스피커 에코에 녹음된 내용을 제출하라는 강제 명령을 받았다.[3] 법정 밖에서 그 같은 명령을 거부하기란 쉽지 않은 일이다. 서비스 제공업체가 엔드 투 엔드end-to-end(통신이 발생하는 시작 단말기부터 도착 단말기까지 전 구간 - 옮긴이) 암호화를 통해 사용자 정보 식별이 불가능하게 만들려고 애쓰는 곳에서조차 정부와 사법당국이 이 정보에 대한 접근을 강제하려고 애쓰면서 점점 더 데이터 가치사슬과 개인정보, 보안에 대해 깊숙이 관여하기 시작했다.

정보공개를 압박하는 사례는 이것 말고도 많다. 2017년 1월부터 6월 사이에만 페이스북은 미국 치안당국으로부터 32,716건의 정보공개 요구를 받았다. 같은 기간 구글은 16,823건, 트위터는 2,111건의 요구를 받았다. 세 회사 모두 전체 요구의 약 80퍼센트에 대해 최소한 일부 정보를 제공했다.[4] 이 같은 요구는 전 세계적으로 제기되고 있다. 2017년 상반기에 아마존은 상호형사사법공조협약에 따라 미국 외 지역에서 75건의 정보공개 요구를 받았다고 한다.[5]

스마트 스피커와 AI 비서가 당신의 개인정보를 축적하고 저장하는 유일한 홈 디바이스는 결코 아니다. 스마트 온도조절 장치는 당신이 밤에 잠에서 깼을 때 이에 대응하기 위해 당신의 움직임을 추적하고, 침실에 있는 스마트 전등은 각각의 등이 꺼지고 켜지는 시점에 따라 당신이 잠들어 있는지 아니면 깨어 있는지 추적할수 있다. 스마트 진공청소기는 카메라와 센서를 이용해서 집의 평면

도를 그려내고, 스마트 도어락은 당신이 집에 있는지 아닌지에 관한 상세한 정보를 만들어낸다. 이런 기기와 서비스를 제공하는 많은 회사가 개인정보 보존 기한을 제한하는 개인정보 보호 정책을 시행하고 있지만, 사용자가 그 같은 절차가 더 신속하게 진행되기를 원하는 경우 직접 자신의 개인정보를 삭제하거나 저장 중단을 요구해야 한다.

목표는 개인화를 통해 보다 나은 이용자 경험을 제공하는 것이지만, 개인화의 재료가 되는 데이터가 저장되어 나타나는 파급효과가 여전히 숙제로 남아 있다. 만일 나쁜 목적으로 데이터를 사용하려는 사람들 손에 이 방대한 양의 데이터가 들어가면, 말 그대로 집 현관문 열쇠를 그들에게 직접 건네주는 격이다. 보안 시스템을 끄거나 피할 수 있게 해주고 집의 어느 곳에 무엇이 있는지까지 알려줄 수도 있다.

그러므로 퓨처홈 생태계와 사용자 양측 모두 개인정보 보호와 보안, 정보 저장에 대해 명확한 입장을 취할 필요가 있다. 사용자는 자신의 데이터에 대한 통제 권한을 부여받고, 자신의 권리를 명확하게 고지받아야 한다. 누가 자신의 정보를 사용하고, 시스템 설계 과정에서 어떻게 사용될 것인지, 얼마나 오래 보관될 것인지, 그리고 궁극적으로 불법 남용에 맞서 어떤 보완 조치가 취해질 것인지에 대해 확실하게 통보받아야 한다. 사용자는 그런 다음에야 자신의 정보가 전달되는 것을 승인해야 한다.

이 중요한 사항들을 언제까지나 아무도 읽지 않는 깨알같이 작은 글씨의 법률 용어 속에 묻어둬서는 곤란하다. 퓨처홈 업계는 사용자가 선택할 수 있는 투명한 옵션 설정을 제공하고, 명확하게 이해할 수 있는 법률 용어로 이를 뒷받침하며, 개인정보 관련 선택권의 부여와 함께 데이터 보안 유지 방안에 대해 명확하게 설명해야 한다. 사용자가 이용당한다고 느껴서는 안 되며, 사용자 개인정보의 이용에 관해서는 퓨처홈 업계에서 직접 통제해야 한다.

핵심 비즈니스 모델 역시 퓨처홈 내에서 사용자 데이터와 관련지어 고려해야 할 필요성이 있다. 현재 인터넷에서 사용자 규모 증대를 위한 일반적 비즈니스 모델은 사용자에게 직접 비용을 부과하지 않는 '무료' 서비스를 제공하고, 그 대가로 사용 데이터를 플랫폼에 수집한 다음 이를 이용해 광고 등의 방법으로 수익을 창출한다. 하지만 퓨처홈에서는 다른 비즈니스 모델이 요구된다. 서비스 이용 대가를 직접 지불하는 방식으로 데이터를 판매하려는 유인 동기를 줄이거나 삶의 개선을 위해 노력하는 퓨처홈 생태계 협력사 간의 공평한 가치 교환으로 데이터 판매의 필요성 자체를 없앨 수도 있다. 우리는 비즈니스 모델의 다차원적인 속성으로 인해 시간이 흐르면 변화할 수도 있다는 점에 주목할 필요가 있다. 퓨처홈이 우리 삶을 근본적으로 개선하면서 우리와 발맞춰 나가려면 데이터 보안과 퓨처홈 생태계 내에서의 데이터 공유 그리고 그 데이터의 윤리적 사용을 촉진하는 올바른 비즈니스 모델이 절실하게 요구된다.

이런 점에서 CSP는 사용자 입장에서 차별화할 수 있는 최적의 위치에 있다. 최종 사용자를 위한 통합 관리자이자 문지기로서 규모에 기반해 광고에 의존하는 다른 비즈니스 모델들과 달리 데이터를 이용해 수익을 창출하는 것에 대한 의존도가 낮다. 라우터나 셋톱박스, 스마트폰 같은 연결성 기기를 제공하는 업체들도 마찬가지다. 이들은 데이터 신원 관리와 기기 내 데이터 및 정보 암호화 등의 서비스를 통해 사용자의 승인이 있는 경우에만 데이터를 전송할 수 있다.

CSP의 데이터 안전 달성을 위한 3가지 접점

보안 기술과 데이터 보호 기법의 획기적인 발전에도 불구하고 기업당 보안 침해 사고 횟수는 최근 몇 년 새 27퍼센트 이상 증가했다. 해커들이 데이터를 볼모로 잡고 금품을 요구하는 랜섬웨어 공격만 해도 발생 빈도가 13퍼센트에서 27퍼센트로 늘었다.[6] 밀레니얼 세대의 약 65퍼센트가 커넥티드 기기가 수집하는 데이터가 적절하게 취급되지 않고 있으며, 자신이 보안 사고나 데이터 침해 사고의 피해자가 되거나 자신의 개인정보가 제3자에게 판매될 수도 있음을 우려하고 있다.[7]

이 같은 통계는 퓨처홈이 제대로 설계되지 않을 경우 현재 기술 수준으로는 해킹이나 불법적으로 취득한 데이터를 통해 당신의 집에 접근하려는 시도를 막지 못할 수도 있음을 시사한다. 이를 좀 더 자세히 설명하자면 그 위협은 실로 엄청나다. 데이터 불법 침입자가 당신 집의 상세 배치도를 손에 넣은 다음, 현관 도어락과 차고문 개폐기를 해킹하고, 집의 도난 경보기를 완전히 해제한 뒤, 외부 보안 카메라까지 비활성화시키는 것이 가능하다. 이런 일이 일어날 가능성이 매우 희박해 보일지 몰라도 실제 보안이 취약해서 발생하는 사고는 그 파장이 어마어마하다.

미국의 한 카지노에서 발생했던 실제 사건을 보면, 가정집 환경에서도 이런 일이 쉽게 일어날 수 있다는 것을 알 수 있다. 이 카지노에는 물고기에게 자동으로 먹이를 주고 물고기의 생활환경을 모니터링하는 커넥티드 수족관이 있었다. 해커들은 수족관 모니터링 장치에 침입해서 이를 카지노의 컴퓨터 시스템으로 들어가는 진입 지점으로 이용했다. 여기서 그들이 빼낸 데이터는 핀란드에 있는 해커들에게 송신됐다.[8]

이 보안 침해 사고는 현재 커넥티드홈에서 여전히 만연한 기술의 파편화가 개인정보와 보안 침해에 얼마나 취약한지 잘 보여준다. 위의 두 가지 사례를 통해 대규모 퓨처홈을 통합 관리하는 소수의 관리자가 엔드 투 엔드 유저의 관점에서 신뢰성 있는 데이터 보안 기준을 운용해야 할 필요성이 있음을 분명히 알 수 있다. 하지만 무엇보다 최근의 데이터는 조직들이 떠안는 위험과 이들의 사이버 보안 정책 사이의 격차가 점점 더 벌어지고 있다는 사실도 보여준다.[9] 간단히 말해 제품이나 서비스의 복잡성이 보안 관리 역량을 능가하고 있는 상황이다. 자율적으로 행동하는 홈서비스에 가까이 더 다가갈수록 그에 맞는 적절한 보안 기준을 제공할 만한 역량을 서비스

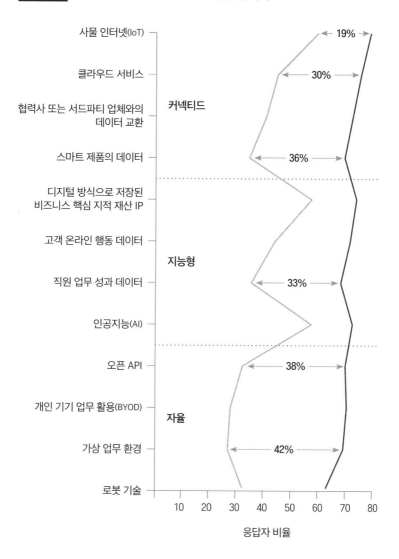

그림 5.1 위험 증가와 사이버 보안 보호 수준의 격차[10]

사물 인터넷(IoT)

클라우드 서비스

협력사 또는 서드파티 업체와의
데이터 교환

커넥티드

스마트 제품의 데이터

디지털 방식으로 저장된
비즈니스 핵심 지적 재산 IP

고객 온라인 행동 데이터

지능형

직원 업무 성과 데이터

인공지능(AI)

오픈 API

개인 기기 업무 활용(BYOD)

자율

가상 업무 환경

로봇 기술

19%

30%

36%

33%

38%

42%

10 20 30 40 50 60 70 80

응답자 비율

— 사이버 보안 전략에 의해 보호받는다는 응답
━━ 사이버 보안 위험 노출이 대폭 또는 약간 증가했다는 응답

제공자들이 갖추지 못하고 있다는 사실이 점점 더 드러나고 있는 것이다. **그림 5.1**에서 보여주듯이 관련된 모든 기술에도 불구하고 현재는 위험 정도에 맞서 충분한 보호를 제공하지 못하는 수준에 머물러 있다.

이 때문에 소비자들이 개인정보 보호와 보안 그리고 커넥티드 환경의 잠재적 위험에 대해 지속해서 우려를 제기하는 것도 당연하다. 집 안팎의 장소에서 커넥티드 기기 기술이 더욱 광범위하게 채택될수록 이 기술들이 사이버 보안 위협을 증가시키는 요인이 되고 있는 상황이다. 이런 관점에서 볼 때 데이터 보안은 진정 인간에 초점을 둔 기술적 고려라고 할 수 있다. 이는 서비스 제공자들이 퓨처홈 보안을 근본적으로 변화시키고, 이를 통해 소비자와 생태계 전반을 이롭게 할 수 있는 3가지 명확한 접점을 시사한다.

커넥티드 기기를 위한 범산업 보안 인증

개인이 인터넷에서 물건을 구매하거나 온라인 계정을 만들거나 커넥티드 기기를 통해 서비스를 이용하는 과정은 단순히 데이터나 상품 또는 서비스의 교환만을 의미하지 않는다. 여기서 일어나는 또 하나의 결정적 교환은 사이버 공간 궁극의 통화인 신뢰의 교환이다. 이 각각의 상호 작용 지점에서 기업은 신뢰를 입증하고 이에 대한 보상을 제공하거나(이를 통해 소비자와 유대를 강화하고 제품 및 서비스의 채택을 진작할 수 있다), 반대로 신뢰를 훼손하고 이를 파괴할 수도 있다.

이쯤 되면 명확해진 사실은 퓨처홈의 새로운 지능형 커넥티드 기기들이 과거에는 상상조차 할 수 없었던 완전히 새로운 범주의 데이터를 수집하게 될 것이라는 점이다. 어쨌든 기기가 늘어나면 더 많은 상호 접속이 발생하게 되고, 더 많은 상호 접속은 더욱 광범위한 데이터 공유로 이어질 것이다. 이 같은 정보 자체의 증가와 정보 흐름의 증가로 인해 서비스 제공자들이 떠안아야 할 고객 정보 보안과 개인정보 보호의 책임 역시 엄청나게 증가할 수밖에 없다. 따라서 현재 커넥티드홈과 5G 생태계 기반 퓨처홈에서 개별 기업들은 자사 기기와 서비스의 보안뿐 아니라 상호 연결되거나 협력 관계를 맺은 기업들의 데이터 침해 사고까지 고려해야 한다. 무엇보다 개별 기업들의 운영 기반이 되는 생태계의 전체 가치사슬을 소비자가 신뢰하지 않는다면 생태계가 충분히 이익을 거두지 못할 것이다.[11]

그런데 불행히도 모든 조직이 데이터 보안 침해 사고에 대응할 채비를 동등한 수준으로 갖춘 것은 아니다. 물론 최근 액센츄어가 발간한 범산업 보고서를 보면 침해 시도의 76~100퍼센트를 인지할 수 있었다고 응답한 기업의 수가 전년도의 23퍼센트에서 두 배 이상 증가한 것은 사실이다. 하지만 전체 조직의 24퍼센트는 여전히 침해 시도의 절반 이하만을 탐지해내는 최하위 범주에 머물렀다.[12] 이는 5G 시대 퓨처홈 구현에 큰 장애물이다. 커넥티드홈의 문제 가운데 보안이 가장 취약하다는 것을 고려하면, 보안 정책의 일관성 부족은 보안을 중첩시키는 데 막대한 제약을 가하고 그 결과 퓨처홈을 둘러싼 새로운 시장의 성장을 저해하는 결과를 초래할 것이다.

문제에 대한 해결책 중 하나로 디지털 제품과 프로세스, 서비스를 대상으로 한 검증 체계의 구축을 꼽을 수 있다. 이 체계는 특정 제품이 업계가 합의한 상호 운용성과 보안, 애플리케이션 특화 프로토콜application-specific protocols 관련 기준을 충족했음을 나타내는 국제 공인 제품 검증 체계인 와이파이 인증WiFi certified●과 유사하게 설계될 수 있다.[13] 이런 범산업 기술표준은 생태계 참여자 간의 일관된 보안 기술표준의 촉진 및 이행과 함께 공급망의 무결성integrity(데이터를 변경하거나 위조하지 않았다는 것 – 옮긴이)과 전반적인 보안 관리를 보장하기 위한 추가적인 접점을 구축하는 데 있어 중요한 진전이 될 것이다. 일반적인 데이터의 경우 ISO 27001 국제 인증에 4단계 보안 등급이 명시돼 있다. 이를 기반으로 범산업 기술표준의 단초를 잡으면 사용자의 개인적 통제 범위를 넘어서는 기계 생성 데이터와 관련된 구체적 문제들까지 포괄할 수 있을 것이다.[14]

이 같은 통합 기술표준은 소비자가 자신이 처한 위험과 이에 따른 보호 수단을 더욱더 잘 이해하는 데 도움이 될 것이다. 소비자는 또한 신뢰도 있고 공정한 단일한 서비스 제공자가 모든 기기에 필요한 보안과 안전 점검을 두루 관장한다는 사실을 알면 다양한 공급자가 제공하는 엔드 포인트 제품(PC, 노트북, 스마트폰 등 네트워크 말단에 접속된 기기 – 옮긴이)을 구매할 수 있게 될 것이다.

- 1999년 9월 미국무선랜협회인 WECAWireless Ethernet Capability Alliance(2002년 Wi-Fi로 변경)가 무선랜 표준(IEEE802.11b)과 호환되는 제품에 와이파이 인증을 부여한 뒤 급속하게 성장하기 시작했다.

지속적이고 끊임없는 모니터링

기술표준 준수는 반드시 필요하지만 그것만으로는 보안 침해 사고를 완벽하게 차단하기는 힘들다. 공격이 단 한 번만 성공해도 데이터 보안, 그리고 무엇보다 신뢰와 평판은 바로 무너진다. 따라서 퓨처홈의 사이버 보안은 항상 지속적으로 유효해야 한다.

안티바이러스 소프트웨어만으로 공격과 데이터 유출로부터 소비자를 보호할 수 있다고 생각한다면 오산이다. OTA^{Over-The-Air} 방식(새로운 소프트웨어, 펌웨어, 설정, 암호화 키 업데이트를 장치에 무선으로 배포하는 방식 – 옮긴이)의 간헐적인 소프트웨어 패치는 갈수록 정교해지는 사이버 범죄를 견뎌내기에는 역부족이다. 또한 기기 간 정보 처리 상호 운영이 늘어나면서 새로운 취약지점이 많이 발생할 수 있는데, 이는 커넥티드홈 제품 하나가 보안 위협에 노출되면 집 안의 또 다른 커넥티드 기기가 통제 불가 상태에 빠지는 현상을 말한다.

업계 전체가 합의한 물리적 보안 기능을 새 커넥티드 기기에 내장하면 확실히 많은 위험 요소를 예방하는 데 도움이 된다. 다만 이런 아키텍처는 기기를 집에 설치한 뒤에도 소프트웨어 구성 요소를 계속해서 업그레이드할 수 있도록 애자일 디자인^{agile design}(최소 기능 제품을 출시한 뒤 고객 피드백을 신속하게 반영해서 제품을 업그레이드하는 접근법 – 옮긴이) 방식으로 만들어져야 한다. 더 나아가 5G 기반 퓨처홈은 기기와 서비스들을 지속적이고 항구적으로 모니터링하는 체계 자체를 구축해야 한다. 이는 특정 제품이나 서비스가 위협 요인이 될 경우 문제가 된 제품이나 서비스 기업이 감당해야 할 책임 한계를 명확하게 규정하는 역할도 하게 될 것이다. 그 같은 상황이 발생할 경우 소비자와 직접 연락을 취할 수 있는 수단(그리고 이상적으로는 기기와도 직접 소통할 수 있는 수단)이 필요하며, 현장에서 즉각적인 지원이 가능해야 한다. 이를 위해서는 기기들을 원격 조정해서 위협의 확산을 차단하고 무력화할 수 있어야 한다.

그런데 과연 이런 서비스로서의 보안Security-as-a-Service, SECaaS과 같은 서비스 제품이 있을까? 가능하다는 것이 우리의 답이다. 액센츄어의 조사 결과, 소비자의 80퍼센트가량이 단일 업체에 모든 디지털 수요를 맡기는 것을 선호하는 것으로 드러났다.[15] 이는 보안 관리 서비스 역시 단일 업체를 선호하는 경향이 있음을 의미한다. 물론 소비자들을 안심시키려면 단일 업체가 매우 앞선 보안 정책을 갖춤으로써 갈수록 높아지는 사이버 보안 위협에 대처할 수 있어야 한다. 이는 고도화된 공격 대응 활동, 사이버 활동과 복원력 확보, 애플리케이션 보안, 사이버 위협 정보 수집, 사고 대응 및 위협 헌팅threat hunting(사이버 위협을 탐지하고 격리하기 위하여 네트워크를 능동적이고 반복적으로 검색하는 프로세스 – 옮긴이) 등에 끊임없이 새로운 개선을 추구하는 접근법을 취한다는 의미다. 그뿐만 아니라 단일 업체는 데이터 원장data ledger을 다수의 분산 서버에 저장함으로써 가장 정확하고 최신의 거래 기록을 유지하는 새로운 암호화 기술도 활용할 수 있어야 한다.

이런 서비스에는 사이버 보안 교육이 수반되어야 할 수도 있다. 기기와 데이터 보호 차원을 넘어 서비스 제공업체는 최종적으로 고객이 퓨처홈의 잠재적인 보안 위협을 이해할 수 있도록 도와주고 위협을 줄이는 방법까지 갖추도록 해줘야 한다. 서비스 제공업체는 교육 서비스를 개발하고 통합함으로써 고객이 온라인에서 해야 할 행동과 하지 말아야 할 행동이 무엇인지 이해하고, 피싱이나 사회공학적 사기social engineering scam● 등에 관해 미리 인지할 수 있도록 해야 하며, 의심스러운 활동을 탐지했을 때 무엇을 조심하고 어떻게 행동해야 할지 교육할 의무가 있다.

더욱이 성인과 어린 소비자의 서로 다른 사용 패턴과 디지털 기기에 대한 선천적인 신뢰도 수준, 그리고 젊은 세대일수록 보안되지 않은 웹 사이트를 통한 비디오 스트리밍, 온라인에서 암호 및 로그인 세부 정보 저장, 소셜 미디어 계정 개설과 같은 고위험 온라인 행동을 하려고 하는 성향이 강한 점 등을 고려해서 두 세대 모두에 맞게 서비스를 조정 가능하게 만들어야 한다.

젊은 세대를 대상으로 한 고객 신뢰와 충성도 함양

젊은 세대는 디지털 세상에서 낳고 자라 어려서부터 최신 기술에 익숙하고 다양한 경험을 위해 디지털 채널과 기기를 활용한다. 대체로 DIFM 경향이 강한 이 세대는 디지털 채널의 다양한 서비스를 활용해 일상생활의 질을 높이고자 한다.

● 기술적인 해킹이 아닌 사람을 대상으로 속여서 정보를 취득하는 방법으로 무료선물을 증정하는 URL을 클릭하게 하거나 비밀번호가 해킹되었다는 메일로 기존 비밀번호를 입력하게 하는 방법 등이 있다.

또한 이들은 초기 관여 단계에서 브랜드에 대한 신뢰 여부를 결정하는 성향이 매우 크다. 하지만 주요 파괴적 혁신 브랜드를 포함해서 고객 충성도가 높은 기업일지라도 단 한 건의 데이터 침해 사고나 잘못된 서비스 경험만으로도 고객 이탈이 발생할 수 있기 때문에 성공에 안주할 여유가 없다. 만약 이때 다른 서비스 제공자가 개입해서 상황을 해결할 경우 젊은 세대는 두 번째 브랜드, 즉 상황을 해결한 브랜드에 더 큰 애착을 갖게 돼서 강한 충성도를 보이며 종종 다른 브랜드의 열렬한 지지자가 될 것이다. 다행인 것은 밀레니얼 세대와 Z세대는 기본적으로 CSP에 월정액을 내고 무선 데이터 접속이나 가정용 인터넷 서비스를 받는 데 익숙하기 때문에 CSP가 핵심 비즈니스 모델의 일환으로 자신들의 데이터를 팔 것이라고는 생각하지 않는다. 이 부분에서 우리는 CSP의 핵심 비즈니스 모델이 젊은 세대를 상대로 고객 신뢰도와 충성도를 구축하기 위한 좋은 출발점에 서 있음을 알 수 있다.

데이터 보안의
강력한 출발점으로서 CSP

그런데 CSP가 최종 소비자들과 관계를 구축하기도 전에 플랫폼 제공업체가 이를 가로챌 수도 있다. 때문에 우리는 플랫폼 제공업체들에 주목할 필요가 있다. 예를 들어 4장에서 소개한 eSIM 기술(기기에 내장)을 업계가 동의할 경우 사용자가 연결 제공업체를 자유롭게 선택할 수 있게 되므로 CSP가 지금처럼 직접적인 소비자 관계를 유지하기가 더 힘들어진다. 어떤 경우가 됐든 이런 신기술은 새로운 사고방식의 전환을 불러올 것으로 예상되는바, 소비자의 3분의 1이 이미 eSIM에 대해 알고 있고 68퍼센트는 이를 사용하는 데 관심을 보이고 있다는 점을 간과해서는 안 된다.[16]

하지만 다행히도 CSP의 입지는 아직 확고하다. 앞서 언급했듯 CSP가 손에 쥔 카드는 현재 고객인 소비자들의 신뢰와 지금까지 유지해온 매우 높은 수준의 개인정보 보호와 데이터 보안 기록이다. 2장에서 언급한 것처럼 액센츄어가 실시한 설문조사에서도 응답자의 71퍼센트가 커넥티드홈 서비스의 주된 제공자로서 현재 이용 중인 CSP를 선택하겠다고 응답했다.[17] 그러므로 CSP는 오랜 시간 유지해온 거래 관계를 최대한 활용해야 하며, 내부 시스템에 대한 고급 데이터 분석을 통해 가정 내 개인에 관한 통찰을 탁월한 초개인화 서비스를 제공하는 기반으로 활용해야 한다. CSP가 역량을 십분 활용해서 퓨처홈의 통합 관리자 역할을 해낼 수 있는 방안에 대해서는 6장에서 더욱 자세히 설명하겠다.

현재 커넥티드홈 생태계 참여자들은 대부분 포인트 투 포인트 연결과 서로 다른 연결 표준으로 인해 모든 커넥티드 기기가 잠재적 취약성을 안고 있는, 잘 알지 못하는 기술 프로세스를 관리하고 있는 경우가 많다.[18] 5G는 이에 반해 집 안에서 균일한 연결 조직처럼 작동함으로써 다수의 기술표준을 하나로 통합해서 보안 위협을 크게 낮출 수 있다. 이미 한 발을 문 안에 들여놓은 상태에서 5G 네트워크와 관련 신기술 기회를 제공함으로써 CSP는 퓨처홈의 모든 디지털 수요를 편리하게 지원할 수 있을 것이다. 이는 무엇보다 사용자가 최대한의 개인정보 보호와 데이터 보안을 제공하는 홈 디바이스와 서비스에만 접속하도록 보장한다는 뜻이다.

1. 현재 기술 수준으로는 누군가가 나쁜 의도로 커넥티드홈에 접
   근하려고 시도할 경우 성공할 가능성이 높다.

2. 퓨처홈 관련 업계와 사용자들은 사용자가 직접적인 통제권을
   가진 상태에서 개인정보 저장 및 관리의 보안을 확보할 수 있는
   기술표준에 대해 명확한 입장을 취해야 한다.

3. CSP는 현재 고객으로부터 확보한 신뢰와 함께 지금까지 지켜
   온 매우 높은 수준의 개인정보 및 데이터 보안 기록을 기반으로
   유리한 위치를 점하고 있다.

미리
보기

오늘날 유선이나 무선 접속 서비스 또는 두 가지 서비스를 모두 제공하
든 CSP는 5G 시대 퓨처홈에서 무척 중요한 역할을 수행하게 될 것이다.
이 새로운 시장의 부상은 CSP가 가정과 기업에 연결성을 제공하는 전
통적이고 고정된 역할을 뛰어넘어 사업 범위 확장을 모색하고, 새롭게
떠오르는 퓨처홈 세상이 제공할 기회를 활용해서 적극적으로 수익 창
출을 꾀하도록 유도할 것이다. 이런 CSP 기업들이 퓨처홈 생태계의 설
계자이자 건설자, 운영자로 자리매김하는 데에는 3가지 핵심 요인이 있
다. 신뢰, 고객 경험, 그리고 퓨처홈 구현의 필수 인프라 제공 역량이다.
하지만 CSP가 이 새로운 커넥티드 서비스와 관련 역량을 실현하기 위해
서는 전반적으로 비즈니스 환경과 가치사슬의 전환이 불가피한 6가지
핵심 영역이 있다.

6장
퓨처홈 생태계 건설자의 부상

The
Future Home
in the 5G Era

이 책 서두에서부터 설명해온 것처럼 퓨처홈은 개개인에게는 진정한 커넥티드 생활의 기반이자 출발점이며, 인간 사회 전체에도 엄청난 영향을 미칠 것으로 예상된다. 벽돌로 쌓아 올린 전통적인 집의 경계가 기존의 물리적 벽을 훌쩍 뛰어넘어 확장되는 모습이 우리 시대에 구현될 전망이다. 퓨처홈을 통해 초연결된 생활을 실현하려면, 협력사와 제휴업체로 구성된 광범위한 생태계가 역량을 집중해서 퓨처홈 관련 제품과 서비스를 새롭게 재고안해내고 구체화하고 설계해야 하며, 기존의 유선 광대역이나 케이블, 위성 또는 5G 무선 통신 기술을 기반으로 하거나 여러 가지 다른 기술을 조합해서 이를 실현할 기술과 플랫폼, 프로토콜을 만들어내야 한다.

CSP 기업들에게 열릴 비즈니스 기회는 실로 엄청나다. 2023년이면 커넥티드홈 서비스 시장은 현재 200억 달러에서 373억 달러 규모로 성장할 것으로 전망되는데,[1] 이 시장의 상당 부분은 CSP 기업들의 몫이 될 가능성이 크다. CSP가 가정과 기업에 제공 가능한 데이터 기반 경험이 기술 역사상 최고 수준에 이른 만큼, 전례 없는 새로운 서비스 품질을 제공할 준비를 갖추고 있기 때문이다. 지능형 주택 보안과 모니터링부터 원격 의료, 몰입형 오락 및 게임, 음식 배달까지 다양하고 폭넓은 서비스가 새롭게 통일된 기술표준의 기반 위에 신뢰성 있게 구축되고 있고, 이에 따라 새로운 비즈니스 사례가 꼬리에 꼬리를 물고 등장할 것이다. 일단 이 서로 다른 가치 풀들을 활용할 수 있게 되면 갈수록 가속도가 붙을 것으로 예상된다. 데이터 기반 통찰과 기기 제어 능력의 향상을 기반으로 한 서비스 정교화와 개인화가 퓨처홈 서비스의 품질을 지속적으로 향상시킬 것으로 전망되고 있어 CSP가 퓨처홈의 연결성을 관장하는 수문장으로서 이를 통합 관리하게 된다면 막대한 수익을 창출할 것으로 보인다.

그런데 이 모든 것들은 상당히 먼 미래의 이야기로 들린다. 우리는 사실 오늘날의 커넥티드홈과 이 시장에 출시된 서비스들의 미미한 현상을 잠시 고려해볼 필요가 있다. 이는 앞으로 전개될 거대한 비즈니스 기회를 이해하는 데 도움이 될 것이다.

현재 일상생활에서 우리의 가정 경험은 20~30개의 기술 제품과 솔루션 제공업체들이 느슨하게 조합된 연합체 형태로 이뤄져 있다. 소비자들은 지능형 조명 솔루션은 전력업체, 지능형 보안 시스템은 홈 솔루션 제공업체, 지능형 기기와 스마트 가전은 가전업체 중에서 각각 개인적으로 원하는 곳을 선택해서 사용한다. 현재 사용 중인 가정용 오락물의 대부분은 정규 방송이나 주문형 TV 채널(IPTV 등), 비디오 스트리밍, 게임 등을 제공하는 온갖 종류의 공급자로부터 다양한 전송 방식을 통해 얻고 있다. 우리는 이러한 개별적인 요구를 충족시키기 위해 최소한 4~5개의 다른 서비스 제공자를 선택할 수 있다.

그다음에는 보유한 서로 다른 기기들을 연결해주는 수많은 플랫폼을 꼽을 수 있다. 이 플랫폼들은 모두 홈 테크놀로지를 관장하는 중앙 컨트롤 허브 자리를 노리고 있는 만큼 하드웨어와 소프트웨어, 프로토콜, 데이터를 수직 계열화하도록 설계됐다. 요컨대 현재 커넥티드홈은 대개 자족적인 솔루션들의 느슨한 연합체로 대부분 서로 동기화되지 않고 동기화될 수도 없는 방식으로 운용되는 세분화된 부분들의 일시적 결합에 불과하다. 이 정도로 파편화된 상태는 생태계는 고사하고 시스템이라고 부르기도 민망하다.

이 같은 현 상황은 홈 테크 시장의 협력업체들과 시장 전체의 발목을 잡고 있다. 집 안에서 포인트 투 포인트 솔루션이 지속적으로 증가하는 가운데, 소비자와 판매자 양측 모두 기기와 서비스가 엄청나게 파편화된 현실을 이제야 인식하기 시작했다. 점점 더 많은 사람들이 진정한 DIFM 방식을 통해 이 복잡한 정글에서 길잡이가 돼줄 무언가를 갈망하고 있다. 인도의 손길을 바라는 절박한 요구는 날이 갈수록 커질 전망이다.

초연결된 가정생활의 발전과 수준 이하인 포인트 투 포인트 방식의 적용 사례의 난립으로 인해 조율되지 않은 솔루션 정글의 규모와 복잡성이 기하급수적으로 늘어나면서, 하나 이상의 업체가 통합 관리자이자 주요 건설자로서 주도적인 역할을 맡아 새로운 제품과 서비스를 지원하고, 기기들과 파편화된 허브 간의 데이터 흐름을 가능케 하며, 이를 통해 21세기 소비자들에게 전례 없는 경험을 선사할 수 있는 퓨처홈의 필요성이 필연적으로 대두될 것이다. 퓨처홈에서는 중앙집중화된 서비스를 끊김 없이 제공함으로써 최종 사용자가 플러그만 꽂으면 새로운 커넥티드 경험에 쉽게 다가갈 수 있을 뿐 아니라 진정한 사용자 가치를 얻고 일상생활의 풍요를 누릴 수 있도록 해줘야 한다.

이는 다음과 같은 두 가지 근본적인 질문을 불러일으킨다. 이를 이끌 이상적인 관리자 후보는 누구일까? 그리고 퓨처홈의 주요 설계자이자 주도적 관리자가 되려면 어떤 능력을 갖춰야 하는가?

인도의 손길:
CSP가 유리한 고지를 점한 3가지 이유

무선과 유선 광대역 통신망은 모든 커넥티드 서비스 경험의 구현을 위한 기반이므로 형태를 불문하고 광대역 접속을 제공하는 CSP는 지능적인 미래 서비스의 잠재력을 실현하고 생태계 전체의 핵심 조력자가 될 최적의 위치를 점하고 있다. 물론 일관성이 결여된 현재 커넥티드홈 시장에서 활동 중인 다른 기업들도 선두로 나설 가능성을 배제할 수는 없다. 하지만 CSP가 유리한 고지를 점하고 있음을 강력하게 뒷받침하는 3가지 사실에 주목해보고자 한다.

오랜 신뢰가 새로운 신뢰를 낳는다

5장에서 설명했듯 퓨처홈의 기본 요건은 사용자가 퓨처홈 생태계를 100퍼센트 신뢰해야 한다는 것이다. 상당히 많은 기기가 상호 연결돼 우리 삶의 모든 측면과 관련된 엄청난 양의 데이터를 공유하는 상황에서 이 같은 책무는 의심의 여지없이 분명하다.

현재 우리의 개인정보는 느슨하게 규제되고 있다. 개인정보가 종종 우리의 승인 없이 또는 심지어 우리가 알지도 못하는 사이에 합법적으로 또는 불법 해킹이나 데이터 유출을 통해 제3자나 정부 또는 일반 대중에게 공유되고 있다. 이런 상황에서 CSP도 완벽히 보안된다고 할 수는 없지만 가장 강력한 개인정보 보호 기준을 갖췄다는 점에서 단연 두드러진다.

덕분에 CSP는 커넥티드홈 관련 모든 서비스와 제품 제공업체 중에서도 가장 뛰어난 신뢰 지수를 자랑한다. 일부 국가에서는 은행 계좌 같은 민감 정보나 신원 정보를 처리할 때 가정용 광대역 서비스 요금 청구서가 신뢰할 만한 거주지 주소 증명 수단으로 사용되고 있다. 2019년 액센츄어의 소비자 조사[2]에서 유선전화와 무선전화 서비스 제공업체가 신뢰도 면에서 은행에 이어 각각 2위와 3위를 기록한 것도 그리 놀라울 게 없다. 소셜 미디어나 검색 엔진 업체, AI 비서 브랜드 등 퓨처홈에서 역할을 할 것으로 예상되는 다른 기업들은 이보다 순위가 훨씬 더 낮았다.

우리 생활에서 상호 연결성이 증가하면서 개인정보를 매우 안전하고 신뢰할 수 있는 방법으로 관리하고 처리해야 할 책임도 덩달아 높아졌다. 하지만 최근 수년간 발생한 수많은 개인정보 침해 사건이 말해주듯 데이터를 활용하는 모든 업체가 이 같은 책임에 주의를 기울이는 것은 아니다. 때문에 CSP는 신뢰를 유지하고 지킬 수 있는 업체가 미래에 더 많은 신뢰를 받게 될 것이라는 단순한 룰의 덕을 보게 될 것이다. 2장에서 밀레니얼 세대의 49퍼센트가 가정에서 사용하는 원격 진료 서비스 제공업체로 현재 이용 중인 CSP를 기꺼이 선택하겠다고 응답한 것만 봐도 알 수 있다.[3]

고객 관리 경험

2장에서 우리는 서로 다른 수준의 고객 경험과 서비스 정책을 필요로 하는 8가지 유형의 사용자 사고방식을 살펴봤다. 두 번째로 살펴볼 부분은 CSP 기업들이 이에 맞춰 그들만의 운영 노하우와 인력, 역량을 동원해 퓨처홈에서 세계적 수준의 일관성 있는 고객 경험의 제공이다. 성공적인 고객 경험은 고객의 여정을 처음부터 끝까지, 제품이나 서비스 구입부터 사용과 고객 지원까지 모든 과정을 개인화한다. 이를 위해서는 제품 또는 서비스 선택과 구매 과정에서 최소한의 클릭만으로 사용 가능한 크로스 플랫폼● 방식의 디지털 포털을 제공해야 한다. 그 뒤에는 새로운 퓨처홈 서비스를 교육 및 시연하고, 온라인 주문의 당일 배송이 가능하도록 전략적인 공급망 유

● 여러 종류의 컴퓨터 플랫폼에서 동작할 수 있다는 것을 뜻하는 용어로 예전에는 플랫폼마다 프로그래밍 언어가 달라서 한 플랫폼에서 쓴 프로그램이 다른 플랫폼에서는 안 되는 경우가 많았다.

통 허브 역할을 수행할 수 있는 매장 배치 전략이 필요하다. 그뿐만 아니라 주문 내역을 배송하고, 복잡한 솔루션을 설치하거나 세심한 설정을 제공할 수 있는 여러 분야의 전문성을 두루 갖춘 현장 인력을 고객이 필요할 때마다 활용할 수 있어야 한다. 이에 더해 CSP가 운영 센터를 구축해서 소셜 미디어나 챗봇 또는 애자일 엔지니어 팀 등을 통해 사용자 불만사항에 거의 실시간으로 응답하고 이를 해결하는 능력을 갖춤으로써 간편한 주문과 작동, 권한 설정이 가능해야 한다. 결국 기본 원칙은 **'문제가 발생하기 전에 문제를 해결하라'**는 것이다. 데이터 분석 기반의 고장 예측이 한 방법이 될 수 있다.

CSP는 대규모 운영 조직을 가동해서 수많은 고객들의 복잡다단한 경험을 다뤄본 전문성과 역량이라는 풍부한 자산을 가지고 있다. 그런 면에서 CSP의 원숙한 역량은 높은 신뢰도의 바탕이 되는데, 이는 퓨처홈 생태계 내에서 다른 어떤 예상 참여자보다도 훨씬 더 높은 수준이다.

플랫폼 제공업체와 기기 제조업체 같은 다른 참여자들은 주로 기술과 솔루션 분야에서 첨단 역량을 구축해왔다. 대개 디지털 시대에 창업한 이 기업들은 탁월한 고객 경험을 제공하는 정교한 디지털 제품과 서비스를 만들어내는 데 명백한 경쟁 우위를 가지고 있다. 그럼에도 불구하고 이들은 결정적으로 퓨처홈 생태계를 지속적으로 관리하면서 수십만 명의 고객이 몇 분 안에 해결을 요구할 수도 있는 온갖 시시콜콜한 문제들을 다루기에는 전문성과 역량이 부족하다.

퓨처홈 생태계의 통합 관리자라면 마땅히 이러한 책임을 떠맡아야 한다. 생태계의 온갖 측면에 관련된 모든 고객 문의와 불만사항을 처리해야 한다. 개별 가구에 지능형 조명 솔루션이 고장 났든, 자동차와 주택 또는 자동차와 호텔 방 간의 데이터 핸드오버에 장애가 발생했든, 통합 관리자의 자리에 있다면 이를 즉시 바로잡는 능력이 필요하다.

이 막대한 책임의 긍정적 측면은 공동 생태계 이윤의 많은 부분을 현금화할 수 있는 능력이다. 이에 더해 퓨처홈 생태계의 문지기이자 주도적 관리자로서 관련 기업들과 상호 이익이 되는 비즈니스 모델을 통해 협력관계를 구축해야 할 책임을 안게 될 것이다. 결국 이 모든 책임을 성공적으로 완수하기 위해서는 뚜렷하게 차별화돼서 모방이 어려운 핵심 역량과 숙련 인력이 필요하다. 이 같은 역량은 지금까지 CSP만이 할 수 있는 영역이었다.

미션 크리티컬 인프라

세 번째 고려사항은 가정 내 접속 기술의 통제자로서 CSP의 결정적인 역할이다. CSP는 집과 사람, 기기, 자율주행차와 사회를 잇는 연결성의 독점적 제공자다. 이 연결성은 대단히 중요한 것이지만 대부분의 사람들은 서비스 중단으로 생활이 갑자기 멈춰서면 그때서야 비로소 그 중요성을 인식한다. 결국 CSP 없이 퓨처홈의 실현은 불가능하다.

여기에서 우리는 CSP가 통합 관리에 있어 역량을 갖췄다는 사실을 분명히 알 수 있다. CSP는 사람 간, 기기 간, 그리고 그 기기들 위에서 작동하는 서비스 간의 연결성, 즉 필수적 커뮤니케이션을 위한 토대인 인터넷을 제공하는데, 이 가운데 어느 하나라도 없으면 커넥티드 생활 경험은 구현 자체가 불가능하기 때문이다. 그런 면에서 CSP가 퓨처홈 생태계의 관리자 역할을 맡는 것은 당연한 것이라고 볼 수 있다.

또 하나, CSP가 공적인 규제를 받는 데는 이유가 있다는 점을 간과해서는 안 된다. 규제 당국은 이 분야에서 경쟁을 보장하는 데 주력할 뿐 아니라 일반 대중을 위해 지속적인 연결성을 확보해서 병원이나 도로만큼 신뢰성 있게 만드는 것을 목표로 한다. 이런 이유로 CSP 기업들은 정부 당국에 의해 인프라 유지와 양질의 서비스 제공을 요구받는다. 이들 기업의 신뢰성은 바꿔 말하면 시장뿐 아니라 정부의 규제까지 받음으로써 이중으로 밀봉된 상태라고 할 수 있다.

이처럼 시장은 지속적으로 압박을 가하고, 소비자들은 계속 '집 안의 파편화 문제를 누군가 해결해줬으면 좋겠어'라고 바랄 것이다. CSP가 나서지 않는다면 결국 다른 거대 디지털 기업들이 자신들에게 통신 사업을 넘기라고 규제 당국에 요구할지도 모른다. 그렇게 되는 날이면 CSP는 엄청난 기회를 날려버리고 말 것이다.

CSP 가치사슬 해체를 통한 퓨처홈의 구현: 6개 영역과 6가지 필수 요건

그렇다면 CSP는 우리가 설명해온 커넥티드 서비스와 관련 역량을 어떻게 구현할 수 있을까? 해답은 이 기업들이 전체 가치사슬을 혁신해서 새로운 활력을 불어넣는 것 외에는 다른 선택의 여지가 없다. 대대적인 혁신과 구조 및 절차의 전환만이 성공의 필수 요건이다.

액센츄어는 제품 및 서비스 개발, 유통과 관련해서 현재 CSP가 취하고 있는 접근법과 애프터마켓(판매자가 제품을 판매한 이후 추가로 발생하는 수요에 의해 형성된 시장 – 옮긴이) 활동, 그리고 제품과 서비스가 제공돼서 최종 사용자가 이를 운용하고 관리하는 방식 등을 포함한 CSP 가치사슬을 심층 분석했다. 이 분석을 토대로 CSP가 퓨처홈에서 커넥티드 생활의 경험을 성공적으로 구현하고 이를 통해 수익을 창출하기 위한 청사진을 이루는 6개 영역을 찾아냈다.

영역 1: 프런트 오피스의 디지털 방식 혁신

프런트 오피스(마케팅 부서나 영업부서와 같은 고객 접점 부서 – 옮긴이)는 CSP가 웹 기반 또는 스마트폰 포털 등을 통해 고객과 상호 작용하는 계층으로 단순히 운영자가 고객 서비스를 제공하는 디지털 계층digital layer보다 훨씬 더 넓은 분야를 포괄한다. 퓨처홈의 새로운 고객 환경에 정면으로 대처하려면 CSP와 고객 간의 모든 상호 작용이 고객에게 통제력을 주면서도 실시간으로 그리고 선제적으로 이뤄져야 한다.

이런 변화는 부분적으로는 미래에 소비자와 CSP 간의 상호 작용 빈도에 따라 좌우될 것으로 보이는데, 이는 향후 수년간 증가할 것으로 전망된다. 갈수록 인내심을 잃은, 서비스가 실망스럽거나 반응이 느리다고 느끼는 순간 곧바로 비슷한 업체로 갈아타는 '변화무쌍한liquid' 고객이 증가하는 상황을 고려하면 이 같은 변화는 특히 더 중요하다.

보다 실질적인 차원에서 보면, 퓨처홈을 통합 관리하는 데 있어 프런트 오피스의 주된 역할은 고객이 어디서든 거의 실시간으로 누릴 수 있는 탁월한 퓨처홈 경험을 제공하는 것이다. 따라서 고객 접점 부서의 대폭적인 개혁이 필요하다. 고객 접점 부서는 지능형 자동 온도조절 장치부터 냉장고의 내용물이 부족하면 자동 주문하는 기술, 집과 자율주행 차량에서 업무 회의를 가능하게 하는 몰입형 회의 기술까지 사용자가 갖추고 싶어 하는 온갖 유형의 퓨처홈 서비스들을 그 종류와 복잡성을 불문하고 신속하게 조정할 수 있는 강력한 양방향 커뮤니케이션 대시 보드dashboard 역할을 해야 한다.

그런 대시 보드는 아직 존재하지 않지만, 엄청난 비즈니스 기회를 감안하면 모든 CSP에게 이는 최우선 과제다. 순전히 기술적인 관점에서 보면 CSP 프런트 오피스의 혁신은 고객이 각자 자신만의 방식으로 서비스 제공업체와 관계를 맺을 수 있는 길을 열어주는 것이다. 이를 위해 CSP는 데이터 인텔리전스data intelligence(개인의 취향과 생각을 정확히 분석해서 의사결정을 내릴 수 있는 수준에 이른 AI - 옮긴이)로 구동되는 AI 기반의 강화된 고객 경험 관리 계층customer experience layer을 구축 및 운영하고 이를 유지해야 한다. 이 같은 계층의 구축은 기업들이 지난 수십 년간 구축 및 유지해온 전통적인 고객 관계 관리 및 운영 지원 시스템 계층과는 근본적으로 차원을 달리한다.

퓨처홈에서 CSP는 고객 개개인의 요구에 부응해야 하므로 ─고객 수가 수백만 명에 달하더라도 마찬가지다─ 이러한 변화는 불가피하다. 챗봇 같은 기술을 통한 자동 고객 관리를 포함한 자동화만이 변화를 이뤄낼 유일한 방법이다.

영역 2: 백 오피스 혁신

CSP의 프런트 오피스가 갖춰야 할 새로운 역량과 기술에 관한 논의에서 이미 시사했듯 프런트 오피스의 혁신은 백 오피스(시스템 운영부서, 경영관리 부서 등과 같이 회사 내에서 서비스를 제공하는 부서 – 옮긴이), 즉 퓨처홈의 네트워크 관리와 이에 따른 데이터 흐름을 다루는 모든 부서의 기술과 구조, 절차의 혁신을 동시에 진행해야 한다.

상당수 CSP는 여전히 부서 간 칸막이 문화가 심하고 경직된 낡은 운영 지원 시스템을 운용하고 있다. 백 오피스는 이제 CSP가 고객을 위한 조직으로 재편되는 데 발맞춰 기민하고 빠른 대응 능력을 갖춘 부서로 변신해서 프런트 오피스의 강력하고 적극적인 동료가 돼야 한다. 이에 따라 운영 관리, 애프터마켓 고객 프로세스 구축 및 운용과 함께 인간 상호 작용에 참여하고 이를 지원하는 도구와 기법의 구비가 필수적으로 요구된다. 이러한 노력이 수반되지 않으면 커넥티드 비즈니스의 운용에 필수적인 고객 규모 유지는 불가능하다.

이 모든 변화를 위한 가장 현실적인 방법은 CSP가 지능형 네트워크 운영체제intelligent network operation로 전환하는 것이다. 지능형 네트워크 운영체제는 AI를 집중 활용해서 소비자 기대와 요구는 물론 직원들의 기대와 요구까지 예측하고 이를 통해 끊김 없는 경험을 제공함으로써 CSP가 전통적인 운영 모델에서 고객들에게 더 나은 가치를 제공하는 디지털 플랫폼 조직으로 전환할 수 있게 해주는 자동화된 시스템이다. 이를 통해 새로운 역량의 도입을 관리하고 생태계 내의 중추적 서비스 제공자로 도약하기 위한 기반을 다질 수 있다. 그렇게 되면 백 오피스 운영은 혁신적이고 역동적인 필수 비즈니스 모델과 빈번히 발생하는 고객 상호 작용을 지원할 수 있도록 간결하고 민첩해질 것이다.

이 같은 해법의 일환으로 운영되고 있는 로봇 프로세스 자동화Robotic Process Automation, RPA 엔진의 경우를 살펴보면, RPA는 고객 문제가 등록돼서 처리 중이라는 것을 알 수 있도록 자동으로 꼬리표를 공개 발행하고, 진단 프로그램을 실행한 뒤 고객 영향 분석을 통해 상황이 종결되면 꼬리표를 처리할 수 있다. 알고리즘 내장 디지봇digibot(정해진 동작을 수행하는 에이전트 프로그램으로 디지털 봇의 줄임말 - 옮긴이)이 경고음과 함께 가동돼서 진단 검사를 완료한 뒤 영향을 받은 고객을 자동으로 고객 관계 관리 시스템에 입력한다.

도대체 무슨 말인지 못 알아듣겠다면, 이 엔진이 실제 어떻게 작동하는지 보여주는 좋은 사례가 있다. 미국의 통신기업 센추리링크CenturyLink에서는 앤지Angie라고 이름 붙인 AI 에이전트가 판매 관리자를 도와 가장 유망한 잠재 고객을 찾아내는 업무를 수행한다. 지능형 에이전트인 앤지는 이메일을 통해 잠재 고객과 접촉한 뒤 대화 내용을 분석해서 어떤 고객을 포기하고 어떤 고객과는 계속 연락할지 결정한다. 이 솔루션은 판매 관리자를 위해 매달 40명의 유망 잠재 고객 명단을 만들어내는데, 지금까지 시스템 구축에 투입된 1달러당 20달러의 신규 계약을 끌어냈다.[4]

신기술 환경을 활용한 또 다른 모범 사례로 스페인의 CSP 기업 텔레포니카Telefónica의 경우를 살펴보자. 텔레포니카는 시장 선별 업무를 위해 고객의 목소리로 구동되는 오라Aura라는 AI 기반 음성인식 비서를 도입했다. 한 차례의 음성 입력만으로 시스템의 지속적인 학습 기능이 작동하는데, 오라는 이런 상호 작용을 통해 고도로 개인화된 고객 지원 추천사항을 최종적으로 도출해낸다. 이 같은 기술의 활용은 고객 경험 수준의 엄청난 개선으로 이어질 뿐 아니라 인간 운영자보다 알고리즘의 정확성은 더 뛰어나고 시간 제약을 받지 않기 때문에 내부 절차들도 훨씬 더 효율적으로 개선된다.[5] 오라가 도출한 결론들은 예측 정비와 네트워크 최적화 개선에도 도움이 된다.

CSP 기업의 사업 방식은 살펴본 바와 같이 갈수록 더 고객 중심적으로 변화하고 있다. 복잡다단한 전달 생태계를 아우르는 대규모 네트워크 프로그램의 엔드 투 엔드 실행은 소비자 기대 예측과 끊김 없는 경험의 제공을 통해 확장되고 관리될 것이다.

영역 3: 미래 CSP를 위한 인재 양성

새롭게 재구성될 애자일 조직을 결속할 힘은 직원과 인재지만, 늘 그 중요성만 강조될 뿐 실제로는 충분히 실현되지 않고 있다. 더 이상 이런 상황이 지속돼서는 곤란하다. 떠오르는 퓨처홈 시장에서 CSP가 생태계 건설자 역할을 확보하기 위해서는 지금과는 매우 다른 인력 구조가 필요하다. CSP 기업 경영자들은 디지털 기술이 직원들의 업무수행 방식을 새롭게 재정의한 만큼 새로운 방식에 맞게 행동해야 한다는 사실을 이해해야 한다.

변화의 동력에 관한 핵심 사례 가운데 현재 CSP 관련 인력을 다음 단계의 디지털 변혁으로 이끌고 있는 AI에 대해 살펴보자. AI는 핵심 기술 중 하나에 불과하지만 광범위한 시스템의 변화를 대변한다는 점에서 상세히 검토해볼 필요가 있다. AI는 이제 단순히 직원과 서비스 인력이 수행하는 업무를 보강하는 차원을 넘어 구조적 변화와 가치 창출의 속도를 가속화하고 있다. 스웨덴의 통신장비 제조사인 에릭슨Ericsson의 경우 100여 개의 로봇 프로세스 자동화 봇을 이용해서 연간 40만 업무시간을 자동화함으로써 100만 건이 넘는 거래를 처리하고 있다. 에릭슨은 이를 통해 모든 직능과 사업 영역에서 비용과 품질, 고객 만족, 리드 타임lead time(제품 생산 개시부터 완성까지 소요되는 시간 – 옮긴이)의 개선을 끌어냈다.[6]

AI는 또한 직원 경험과 고객 경험을 크게 향상시키고, 기민성과 협력, 개인화를 구현하고, 의사결정 속도를 높일 수 있다. CSP 기업에서 AI는 지능형 기술 관련 인력이 빛을 발할 새로운 일자리와 기회를 창출할 것이다. 실제로 CSP를 이끄는 경영자의 63퍼센트가 지능형 기술이 향후 3년간 일자리 증가로 이어질 것으로 기대하고 있다. CSP의 직원들은 이 같은 가능성에 고무돼 변화를 수용할 채비를 갖춘 상태로, 82퍼센트가 지능형 기술 활용에 자신감을 보이고 있다.[7] 하지만 현재 기술 관련 현실을 보면 CSP의 직원들의 평균 연령은 40대 중후반이다. 미래 기술과 재능을 확보하려면 기업들은 인력의 상당수를 전환 배치해야 할 것이다. 숙련된 직원들은 자신의 지혜와 경험에 가치를 두겠지만, 디지털 기술에 정통한 세대 역시 필요하다.

CSP 기업들은 특히 인프라와 통신, 소프트웨어, 디자인, 서비스 설계, 디자인적 사고 기술의 역량을 갖춘 경쟁력 있는 인력을 필요로 할 것으로 보이는데, 이 기술들은 모두 사용자 경험을 고객 상호 작용과 함께 모든 절차의 핵심 가치로 삼게 될 것이다. 그러나 이러한 인재는 현재 시장에서 쉽게 찾을 수 없을뿐더러 대학에서 바로 배출되지도 않는다. 그러므로 CSP 기업들이 앞으로 필요한 인력 개발을 위해 직접 인재를 육성할 필요가 있다. CSP는 각자 사업 단위에 맞는 맞춤형 훈련 프로그램을 제공하는 자체 교육기관이나 교육 부서를 설립해야 할 것이다.

영역 4: 신속한 제품 개발 촉진

전통적인 CSP 조직 내에서 새로운 제품과 서비스 개발 계층을 구축하는 일은 말처럼 쉽지 않다. 하지만 퓨처홈 시장을 위해서는 몇 주 내에 또는 경우에 따라서는 불과 며칠 내에도 서비스를 출시할 수 있다는 사고방식의 전환이 요구된다. 그런데 현재 CSP가 내놓는 제품들은 수개월 혹은 수년에 걸쳐 반복되는 개발과 시험 과정에 발목 잡히기 일쑤다. CSP는 퓨처홈 생태계의 문지기로서 소속된 생태계 내에서 가장 신속하고 가장 혁신적인 선도자가 되기 위해 노력해야 한다.

이는 CSP가 자사 제품을 소비자들에게 판매할 뿐 아니라 생태계 협력사들의 제품까지도 전달하게 된다는 점에서 운영상 반드시 필요한 부분이다. CSP가 병목현상을 일으키는 장애물이 돼서는 안 된다. 또한 개별 서비스에 대한 고객 약속은 물론 이보다 훨씬 더 중요한 개인정보 보호와 보안, AI 윤리에 대한 고객과의 약속을 저버려서도 안 된다. 이 분야의 기술 역량 발전이 너무도 빠르게 진행되고 있는 만큼 CSP는 주변 상황 변화에 발맞출 수 있도록 업무수행 방식을 완전히 혁신해야 한다.

이를 위해 CSP는 서비스 사용을 통해 수집된 데이터를 기반으로 애자일 개발 체제로 전환해서 최종 사용자인 고객과 협력하고 생태계 파트너들과 함께 제품 테스트와 개발을 지원하는 신뢰에 기반한 관계를 구축해야 한다. 완전히 개발된 비즈니스 사례나 성공과 투자 수익에 대한 명확한 기대가 없더라도 신속함을 위해서는 이 같은 노력을 기울여야 한다. 고객과 그들의 선호가 보통 실시간으로 CSP에 전달되는 직접적인 반응을 통해 혁신 주기를 좌우하게 되므로 특정 요구를 충족하기 위해 개발한 제품이 새로운 고객 요구가 생겨남에 따라 개발을 완료하기도 전에 폐기 처리해야 할 수도 있다. 그래서 수익 창출은 제품 출시 이후로 미뤄질 것이다. 즉, CSP가 서비스와 관련 인프라를 선불로 판매하는 대신, 고객 개인별 결과에 따라 요금을 부과하는 방식이 될 것이다.

이런 신속한 제품 개발은 시장을 장악한 기업이 흔히 취하는 방식인 '출시 전 철저한 시장 수용성 평가'보다 '빨리 실패하라fail fast'는 스타트업 사고방식에 더 가깝다. 이것이 제대로 이행되면 새로운 수익 창출 모델은 모든 참여자에게 퓨처홈의 핵심 특징으로 자리 잡아서 고객들이 구매한 개별 제품에 따라 청구서를 받는 개인 맞춤형 경험을 누릴 수 있게 된다. 이 모든 일은 결국 속도와 대응 능력, 그리고 기민성에 달려 있다.

영역 5: 기술 플랫폼 보강

CSP의 기술 플랫폼에서도 마찬가지로 신속하고도 근본적인 변화가 필요하다. 신사업 확장에 성공하기 위해서는 소비자와 공급자를 연결해서 '서비스형 제품as a service'을 제공할 개방형 플랫폼이 필요하다.

플랫폼은 두 가지 핵심적인 측면에서 전통적인 모델들과 차이점이 있다. 먼저 플랫폼은 전례 없이 빠른 속도로 규모를 확장할 수 있는데, 이는 주로 저렴한 신규 고객 유치 비용과 네트워크 효과에 기인한다. 두 번째로 기업들이 독자적으로 운영하는 대신 계속 확장되고 있는 퓨처홈 생태계 협력사들을 지속해서 흡수하고 원활하게 통합할 수 있게 되면서 비로소 가능해진 빠른 속도로 혁신을 가속화하고 기능을 개발할 수 있다.

계속 언급한 바와 같이 퓨처홈 생태계는 고객의 요구와 빠른 기술 발전에 발맞춰 새로운 기기와 서비스를 중단 없이 유연하게 추가할 수 있어야 한다. 그러므로 플랫폼을 운영하는 CSP는 기기들의 보안성 검증과 사용 편의성을 보장해야 하며, 자사 고객 데이터 분석과 디지털 허브를 결합한 뒤 서비스 공급자들로 구성된 생태계를 상업적으로 활용해 개인화된 서비스 시장을 제공할 수 있어야 한다.

그리고 이 플랫폼들은 속성상 멀티 벤더multi-vendor(단일 공급자에 매이지 않고 복수의 공급자를 지원하는 시스템 또는 솔루션 – 옮긴이)이자 오픈소스로, 시간이 지날수록 증가하기 마련인 많은 생태계 구성원들을 흡수해서 협업할 수 있는 플랫폼을 구현해야 한다. 혁신 주기가 가속화되고 기술의 가치 절하와 발전 속도가 빨라지면서 기민성 역시 핵심 요소가 됐다. 때문에 개방적이면서 완전히 가상화된 API 기반으로 프로그래밍 가능한 인터페이스를 갖춰 서로 다른 기술표준과 협력사를 포괄하는 최상의 멀티 벤더 솔루션을 만들어낼 수 있는 플랫폼이 필요하다.

이 같은 서비스 기반 솔루션 구축을 위해서는 기술 플랫폼 구축 방식에 관한 사고방식의 전환도 요구된다. CSP는 이미 고도로 체계화되고 계층화된 전통적 폭포수 모델waterfall model(분석-설계-개발-시험-유지보수의 단계를 밟는 순차적 접근 방법 – 옮긴이)에서 영역 4에서 논의한 애자일 방식의 데브옵스DevOps(개발자와 운영자 간의 소통과 협업, 통합을 강조하는 개발 방법론 – 옮긴이)에서 영향받은 문화로 전환하기 시작했지만, 이는 집중적인 노력과 실제 적용의 가속화를 통해 IT

계층뿐만 아니라 엔드 투 엔드로서 모든 네트워크, 시스템, 프로세스 및 인력 전반을 아우르며 적용해야 한다. 또한 이 새로운 플랫폼이 설계 단계부터 보안성과 신뢰성이 높고 최고 수준의 개인정보 보호 기준을 준수할 수 있도록 CSP는 명쾌한 아키텍처 설계 철학과 실행 역량을 갖춰야 한다.

위와 같은 변화를 제대로 이행하면 소프트웨어와 통신 플랫폼 구축 방식 간의 구분이 확연히 흐려지면서 커넥티드 생활 경험을 실현하는 데 필수 불가결한 새로운 차원의 컨버전스를 구현하게 될 것이다.

영역 6: 편재형 커넥티비티 계층의 활성화

4장에서 우리는 퓨처홈 관리를 위해서는 5G 기술의 적용과 함께 eSIM, 엣지 컴퓨팅, 고급 분석 같은 일련의 보완 기술이 필요하다는 점을 설명했다. 이 같은 변혁의 마지막이자 가장 중요한 축은 다른 모든 요소를 한데 묶어 커넥티드홈 작동에 필요한 유비쿼터스 연결성을 제공해주는 확산적인 커넥티비티 계층pervasive connectivity layer을 심어 넣는 것이다.[8] 여기서 5G는 속도와 확장성, 저지연 특성을 통해 퓨처홈의 확장 가능한 커넥티드 생활의 구현을 가능케 하는 결속력으로 작용한다.

그러나 5G 기반 퓨처홈의 구축을 위해서는 CSP가 연결성에 접근하는 방식에서도 패러다임의 전환이 요구된다. 다음은 우리가 중요하다고 생각하는 4가지 요건이다.

1. '영역 2의 백 오피스 혁신'에서 논의한 지능형 네트워크 운영체제 구축

2. 전체를 아우르는 플랫폼 역량에 적합한 프로그래밍이 가능한 네트워크 플랫폼 확립

3. 네트워크 서비스를 더 높은 계층의 서비스들도 사용할 수 있는 방식으로 구현

4. 탄력적으로 신규 서비스들을 받아들일 수 있는 역량을 갖춘 주문형 인프라(필요한 만큼만 사용하고 지불하는 서비스 방식 – 옮긴이)의 가정 내 구축. 이를 위해서는 새로운 대역폭, 비용 최적화, 수익 모델과 함께 네트워크 경제에 대한 새로운 전망이 요구된다.

CSP는 퓨처홈 시장에서 현재의 확고한 위치를 유지하면서 동시에 다른 분야 기업들이 퓨처홈 시장의 중심적인 역할을 노리고 가해올 파괴적 위협에 맞서 미래를 지켜야 한다. 우리가 이 책에서 밝힌 많은 내용이 시사하듯 확실히 알게 된 사실은 새로운 성장을 향한 확장이 혁신적인 일회성 사건이 아니라 신중하고 지속적인 변화의 여정이 될 것이라는 점이다.

변화와 기술 혁신의 속도가 빨라지고 5G 기반 퓨처홈이 우리가 가는 곳 어디든 따라온다는 개념을 수용하게 되면 소비자들은 이 커넥티비티 계층을 통해 점차 편안함을 느낄 것이다. 이와 함께 퓨처홈에 대한 소비자 인식도 불만 요인을 없애는 데 필요하지만 그렇다고

그림 6.1 퓨처홈 구현을 위한 6가지 필수 요건

딱히 만족스럽지 않은 '위생 요인hygiene factor•' 정도로 치부하는 현재의 연결성 개념에서 벗어나 우리가 어디에 있든 내 집처럼 편안하다고 느낄 수 있게 경험의 장을 열어줄 것이다. 그뿐만 아니라 전반적으로 경험을 풍성하게 만들어준다는 생각으로 변화하게 될 것이다.

이 같은 변화를 올바로 이행할 때 CSP는 현재의 파괴적 시장 역학과 변화무쌍한 고객 행동을 감안할 때 없어서는 안 될 충성도를 높여줄 매우 끈끈한 고객 경험을 만들어내게 될 것이다.

● 허즈버그의 2요인이론에서 제시된 개념으로 조직 구성원들의 만족, 불만족을 지각하는 원인 중 하나다. 인간의 욕구 가운데 충족되지 않은 욕구가 있을 경우 조직 구성원에게 불만족을 초래하지만 그러한 욕구를 충족시켜준다고 하더라도 적극적인 동기부여가 되지 않는 요인을 말한다.

1. CSP 기업은 높은 소비자 신뢰와 긴밀한 고객 관계, 연결성 인프라의 문지기 역할을 결합함으로써 퓨처홈을 향한 경쟁의 출발선부터 우위를 점하고 있다.

2. 하지만 CSP 부문은 접근방식을 보강하고, 프런트 오피스와 백 오피스를 디지털화하고, 새로운 서비스 세계를 위한 인재를 육성하고, 더욱 신속한 제품 개발 주기를 도입할 필요가 있다.

3. 다양한 유형의 협력자들과 관련된 생태계를 수용할 수 있는 애자일 플랫폼 비즈니스를 구축하는 일이 CSP 기업에 무엇보다 중요하다.

미리
보기

새롭게 떠오르는 퓨처홈 시장을 최대한 활용하기 위해 CSP는 수직적으로 통합된 현재의 서비스 제공 모델에 변화를 꾀해야 한다. 디지털로 구현되는 고객의 일상과 연관성을 유지하려고 노력하는 과정에서 CSP는 퓨처홈을 통합 관리하고 조정하는 다면 플랫폼으로 자리매김하게 될 것이다. 이 같은 변화는 CSP가 연결성을 제공하는 인프라 제공업체에 머물지 않고 데이터와 데이터의 흐름을 통제하게 된다는 의미로 엄청난 기회를 뜻한다. 이는 완전히 새로운 비즈니스 모델로 이전 모델보다 더 민첩하고 더 융통성 있으며 더 포괄적이다. 이를 위해서는 기업 내부는 물론 외부의 다양한 이해관계자를 포괄하는 매우 다른 구조가 필요하다. 기기 제조와 앱 개발, AI 역량, 엣지 컴퓨팅을 담당하는 기술 전문가는 물론, 건강이나 금융, 오락을 비롯한 비기술 부문의 다양한 서비스 제공자를 총망라해야 한다. CSP가 주된 관리자가 될 가능성이 가장 높은 가운데 협력자들은 다면 플랫폼 구축 노력에 대한 자신들의 모든 기여를 보상해주는 협력 방식을 찾아내야 한다.

7장

새롭게 떠오르는
퓨처홈 비즈니스 모델

The
Future Home
in the 5G Era

퓨처홈은 생태계 협력자들의 새로운 가치사슬을 중심으로 구축될 것이다. 새롭게 떠오르는 이 시장을 둘러싼 기회가 막대한 이익과 가치를 창출하도록 협력자들을 불러들일 것이다. 가치사슬에 참여하는 모든 주체는 스트리밍 방식의 다중 플레이어 게임이나 에너지 관리, 원격 홈 헬스케어, 몰입형 오락 등의 영역에서 탁월한 사용자 경험을 통해 어떤 형태로든 퓨처홈 솔루션에 기여할 수 있도록 주도적인 노력을 기울여야 한다. 유연하면서 유기적으로 변화하는 파트너십을 지속적으로 발전시킴으로써 CSP는 새로운 비즈니스 모델 아래 전혀 새로운 운영 방식을 도입할 수 있을 것이다.

기존 CSP 홈서비스의
제한적 수익성

상당히 유연한 미래 시나리오가 있음에도 불구하고 현재 운영 중인 대다수의 CSP는 즉흥 변주 실력을 갖춘 오케스트라 지휘자라기보다는 정적인 독주자 같은 태도를 고수해왔다. 과거에도 그랬고 대부분의 경우 지금까지도 CSP의 주된 목적은 가정을 광대역 네트워크에 연결해주는 기존 인프라 제공업체로서 서비스 가입자인 수백만 명의 고객을 대상으로 기껏해야 이리저리 조합한 커넥티드홈 서비스 묶음 상품을 팔거나 경우에 따라서는 커넥티드 기기만 따로 판매하는 데 그치고 있다. 물론 미국 케이블 사업자 컴캐스트Comcas의 엑스피니티 홈Xfinity Home이나 독일 통신회사 도이치텔레콤Deutsche Telekom의 마젠타 스마트홈Magenta Smart Home 같은 솔루션이 보여주듯 스마트홈 서비스가 성공적이지 않은 건 아니지만, 이런 비즈니스 모델이 더욱 광범위한 제휴 모델로 전환해서 경제적 성장을 더 얻을 수 있을지는 여전히 의문이 남는다.

4장에서 우리는 현재 커넥티드홈과 관련된 문제들을 논의한 바 있다. 요약하자면 현재 커넥티드홈은 서로 다른 무선 기술표준들을 제어해서 다양한 기기를 잇는 범용 연결 장치 기능을 갖춘 가정 내 핵심 하드웨어 항목인 허브에서 시작된다. 기기마다 구동되는 애플리케이션은 사용자가 데이터를 제어 및 추출하고, 커넥티드 초인종의 에너지 사용이나 영상 등을 관리할 수 있게 해준다. 그러나 이 중 어떤 것도 CSP를 비롯해서 이 분야에서 활동 중인 기업들에 적절한 성장이나 의미 있는 신규 수익원을 제공하지 못했다. 에너지 소비를 관리하고, 조명을 제어하고, 집을 비운 동안 집을 관리하는 일도 분명 상당히 가치 있긴 하지만, 각각의 서비스가 독립적으로만 작동하기 때문에 사용자와 서비스 제공업체 모두 취할 수 있는 이익은 상당히 제한적이다.

현재 일부 CSP는 투자를 회수하고 가입자당 평균 매출액ARPU을 높이기 위해 집 안에서 이동통신 커넥티드 기기를 사용하는 대가로 서비스 요금을 도입했다. 그러나 이 같은 시도 역시 확실한 성공을 거두지는 못했다. 요금을 지불하는 고객 중에서도 실제로 무선망을 통해 서비스를 이용한 사람은 소수에 불과했다. 이는 꽤 위험한 상황이다. CSP가 고객들에게 매달 요금을 부과하고도 그에 따른 서비스를 제공하지 않은 셈이기 때문이다. 돈을 내고도 이렇다 할 대가를 얻지 못했다는 사실을 고객들이 깨닫게 되면 기업 전체의 평판이 훼손될 수 있다. CSP가 전통적인 비즈니스 모델 내에서 의미 있는 커넥티드홈 비즈니스를 통해 이윤을 창출할 수 있는 방안을 찾아내기란 쉽지 않아 보인다.

음성 제어 플랫폼 기기: 퓨처홈으로 가는 길잡이

이와 함께 CSP가 저마다 독자적인 홈서비스를 홍보하기 시작할 무렵 아마존의 알렉사Alexa나 구글의 구글 홈Google Home 스마트 스피커 같은 최초의 음성인식 앰비언트 기기ambient device(사용자가 원할 때 적절한 정보를 제공하는 기기 —옮긴이)가 시장에 진입해서 탁자나 선반 위에 하나씩 놓이기 시작했다. 바로 개인용 홈 어시스턴트personal home assistant다. 많은 사용자들이 스마트 스피커의 신뢰도와 개인정보 보호에 대해 우려를 나타내고 있지만, 불과 몇 년 사이에 수백만 가구가 이를 받아들였다.

개인용 홈 어시스턴트는 무엇보다 음성 제어 기능을 갖춰 활용도를 크게 높인 것이 장점이다. 그러나 이보다 훨씬 중요한 것은 개인용 홈 어시스턴트가 가정 내 기기 간 연결이 아닌 양자 간 문제 해결에 주안점을 두고 있다는 사실이다. 사용자 측면에서는 대다수 사람들이 좋아하는 고객 경험으로 포장된 흥미롭고 적절한 활용 사례를 제공하고, 동시에 서드파티 업체는 스마트 스피커에 기능을 추가함으로써 서비스 범위를 지속적으로 늘려갈 수 있다.

CSP도 현재 이 신규 시장에 진입하기 시작했다. 대대적인 공동 노력을 통해 프랑스 통신업체 오랑지Orange와 독일의 도이치텔레콤은 음성인식 AI 비서를 자체 개발했다. 두 회사가 내놓은 제품이 알렉사처럼 새로운 시장을 만들어낸 선구적인 제품과 가장 큰 차이점은 개인정보를 다르게 취급하겠다는 약속으로 보안과 개인정보 보호에 특히 주안점을 두고 설계했다는 것이다.[1] 공통점은 CSP가 제공하는 스마트 스피커도 시장을 선도한 기기들과 동일한 개방형 다중 플랫폼 방식을 기본 모형으로 따르고 있다는 것이다.

다면 플랫폼을 통한 수직적 통합의 파괴

이러한 주목할 만한 예외를 제외하면, 앞서 언급했듯 전통적인 CSP 접근법은 칸막이로 고립되고 수직적으로 통합된 서비스 제공자의 접근 방식을 여전히 그대로 유지하고 있다. 하지만 이제 CSP가 아마존과 구글이 플랫폼 모델로 거둔 성공 사례에 주목해서 독자적인 수익 모델을 만들어내거나 기존 플랫폼과 협력을 통해 이를 변형해서 최종 사용자들에게 확실한 혜택을 줄 수 있는 방안을 모색할 때가 됐다는 것이 우리의 생각이다. 큰 기회가 다가온 지금, 아직 답을 찾지 못한 핵심 질문은 CSP가 이 기회를 활용해서 수익성 높은 퓨처홈 시장의 중심에 설 수 있을 것인가이다.

대체 왜 지금이 CSP가 수직 통합 구조의 서비스 제공자에서 다중 플랫폼으로 전환을 심각하게 고려해야 할 때일까? 수직적 통합은 파괴적 혁신에 취약할 수밖에 없다는 강력한 주장이 있다. 현재 CSP 기업들은 인프라 접속 제공자라는 주된 역할에 서비스를 추가해온 오랜 역사를 가지고 있다. 초창기 CSP는 고객 충성도 증진과 고객 이탈 감소, 경쟁 시장에서의 가격 압박 탈피 등을 위해 포털을 구축해서 독점 콘텐츠를 제공했다. 그런데 이는 CSP가 독점 서비스를 제공하고 내부 지향적 문화를 고수함으로써 다른 서비스 제공자들의 제품이나 서비스와 제휴하거나 이를 수용할 플랫폼을 구축하려는 노력은 거의 기울이지 않는 '폐쇄적 사업구조walled garden'의 지속적인 확산을 초래했다. 대개의 경우 이런 접근방식은 상당 기간 안정적인 시장점유율을 유지하는 데 도움이 되긴 하지만 경제적 가치 창출에는 제한적이다.

최근의 통신 기술 역사는 수직적 통합의 장기적 문제점에 대해 여러 차례 경종을 울리고 있다. 결국에는 플랫폼이 등장해서 통신업계의 사업 영역을 파괴적으로 혁신할 것이기 때문이다. 일본의 아이모드i-Mode나 멕시코의 테라Terra, 독일의 티-온라인T-Online 처럼 이동통신 기업들이 구축한 포털 사이트를 살펴보라. 이 서비스들은 처음에는 컴퓨터상에서 이뤄지는 구글 검색에 밀리더니, 이제는 스마트폰에서 구동되는 안드로이드에 밀려 자취를 감췄다. 하지만 구글은 안드로이드를 통해 서드파티 앱을 위한 플랫폼을 제공함으로써 이동통신 사업자이자 인터넷 운영체제 제공자가 될 수 있다는 사실을 간파했다. 구글은 플랫폼을 통해 전달되는 콘텐츠를 단한 개도 소유하거나 과대 포장하지 않고도 이 같은 협업을 통해 직접 수익을 얻고 동시에 고객에게 창출되는 가치에서도 이익을 취했다.[2]

게다가 5G 무선 기술표준은 CSP의 통합적 비즈니스 모델에 추가적인 사업 중단 위협을 가할 전망이다. 전통적으로 자산 중심적인 물리적 네트워크에 대한 자본 투자가 현재 CSP 기업들의 핵심 수익원이자 배타적으로 방어 가능한 제어지점이지만, 실물 자산은 중요성 면에서 점점 더 데이터 흐름과 소프트웨어에 자리를 내주고 밀려나고 있다. 결국 5G 네트워크는 초저지연과 초고속, 광대역 데이터 처리 능력 등 뛰어난 혁신성으로 기기들을 단일한 네트워크에 직접 연결하게 될 것이다. 이런 능력은 퓨처홈의 시스템 접속과 데이터 트래픽을 단일한 무선 전송 채널로 통합할 수 있다. 그리고 이 같은 통합은 결정적으로 홈서비스와 홈 디바이스들을 설정 변경이 가능한 소프트웨어에 더욱 의존하게 만듦으로써 훨씬 더 높은 서비스 품질에 도달하고 스마트홈 소비자들의 삶에 더 깊숙이 관여하는 즉각적인 효과를 낳을 것이다. 연관성과 확장성, 경험과 신뢰 같은 퓨처홈 구현의 필수 요소들에 기여할 수 있다면 CSP가 이러한 변화의 중심에 설 수 있을 것이다.

생태계 내 최종 사용자를 위한
서비스 연관성 추구

CSP가 스스로를 위해 진정한 경제적 가치를 창출하고 소비자를 위해 충분한 사용자 가치를 창출하려면, 앞으로 퓨처홈 사용자들의

그림 7.1 CSP의 현재와 미래: 수직적 통합과 플랫폼 생태계

		수직적 통합 구조의 서비스 제공업체	생태계 플랫폼 참여자
	제어지점	계약, 물리적 제어점, 고객 서비스	신원, 보안, 개인정보 보호 및 데이터 저장·흐름 관리
	KPI	가입자 당 평균 매출액 (ARPU)	도달률(reach)
	사업 주안점	묶음 서비스 판매	거래 가능한 정보 및 데이터 기반 연관성, 생태계
	고객 참여	접촉 최소화	개방적이고 끊김 없는 옴니채널 경험
	마케팅	자체 인력 및 외부 채널	생태계를 통한 연합 마케팅
	투자 구성	네트워크 인프라 자산이 80% 이상 차지	소프트웨어 개발 역량 인프라 투자는 생태계 활용
	제품 및 서비스	통신 서비스 및 묶음 콘텐츠	생태계 기반 서비스 구현
	플랫폼	폐쇄적 사업구조 기반 폐쇄적	생태계 기반 개방적
	인재 관리	전체 배급망 보유 공급사 관리	경험 보유 생태계 기술 역량 최대한 활용

디지털 일상과 연관성을 높여야 할 것이다. 이를 달성하기 위해서는 일정 형태의 생태계를 만들어내고 그 생태계에 참여할 방법을 찾아낼 필요가 있다. 그리고 이 같은 노력에는 특히 프런트 오피스와 백 오피스의 새로운 역량 혁신과 함께 6장에서 제시한 온갖 혁신 기술과 역량을 새롭게 발굴해내는 일이 뒤따른다. 이 도전에 응하는 CSP가 고객과 사용자들을 위한 생태계의 통합 관리자가 될 것이다.

물론 전통적인 통합 비즈니스 모델과의 결별은 그 자체로도 엄청난 일이다. 단일 플랫폼과 생태계 기반 시장은 성공 요인과 핵심 역량이 크게 다르기 때문이다. **그림 7.1**은 이 두 비즈니스 모델이 얼마나 큰 차이가 있는지 보여준다. 이를 통해 자본 지출과 핵심 성과 지표KPI, 뛰어난 소비자 경험 창출이 얼마나 급격하게 변화하는지 가늠할 수 있다. CSP는 칸막이가 높게 드리운 수직적이고 사내 중심적인 낡은 구조에서 탈피해서 데이터 흐름을 보호하면서 사용자를 위한 서비스뿐 아니라 생태계를 위한 광범위한 부가 서비스를 제공하는 등 퓨처홈 생태계를 위해 책임 있게 행동해야 한다.

데이터 수호자로서
새로운 관리 기준 정립

2014년 11월 알렉사가 처음 도입된 지 4년 만에 아마존은 이 기기를 1억 대 넘게 판매했다. 현재까지 10만 개가 넘는 알렉사 스킬Alexa Skills(알렉사에 음성 명령을 내려 주변 기기 사용이나 서비스를 제공하는 기능으로, 개발자나 사용자가 자유롭게 추가할 수 있다 – 옮긴이)이 서드파티 개발자에 의해 개발됐고, 매일 150~200개의 스킬이 추가되고 있다. 아마존이 끌어들인 개발자 커뮤니티는 이제 수십만 명에 달한다.[3] CSP도 이와 유사한 성공을 거둘 수 있지만, 현재 비즈니스 모델과 또 한 번 결정적으로 결별하고 개발자 커뮤니티의 대규모 확장 문제를 해결할 방법을 찾아야 할 필요가 있다.

이를 위해 CSP는 다시 한번 안드로이드처럼 시장 우위를 점하고 있는 스마트폰 운영체제의 성공에서 지향점을 찾게 될 것이다. 안드로이드가 끌어들인 엄청난 규모의 개발자 커뮤니티는 새로운 앱 개발에 지속적으로 기여하고 있는데, 음성인식 플랫폼을 중심으로 현재 비슷한 움직임이 감지되고 있다.

이 새로운 접근법에서 데이터 제어지점은 라우터와 셋톱박스, 음성인식 기기 등 커넥티드 기기 위에 놓이게 될 것이다. 또한 퓨처홈에서 5G 무선 네트워크의 역할이 커짐에 따라 더 많은 데이터 제어지점이 CSP가 보유한 5G 무선 네트워크로부터 직접 생겨날 것이다. 따라서 CSP는 데이터 흐름에 접근해서 이를 통제하고, 고객을 대신해서 관리할 방법을 찾아내야 한다. 우리는 신뢰와 안전, 확실성, 보안 같은 개념들로 스스로를 차별화할 것을 CSP에 제안한다. CSP의 새로운 역할에는 퓨처홈의 다양한 서드파티 기기들로부터 나오는 고객 데이터를 보호하고 보안하는 주요 관리자 역할이 포함될

그림 7.2 CSP 플랫폼 생태계의 잠재적 데이터 제어지점

커넥티드홈

가정 내
네트워크

메시징
서비스

인터넷

데이터

음성 전화

클라우드
및 온라인

결제

핵심
네트워크

보안

참여형
TV

OTT 서비스

이동통신망

AI 비서

보급형
TV

산업용 IoT

서비스형
과금

휴대전화

가정
직접 접속

음성인식
앰비언트 기기

IoT 네트워크

라우터

TV/
셋톱박스

콘텐츠 구독

심카드/
eSIM

소매점

통합 업무
솔루션

🔵 물리적 제어점
🔵 핵심 서비스
🔵 서비스 기반 제어점

것이기 때문이다.

데이터 제어지점이 많아질수록 플랫폼 소유자는 생태계 내에서 더 많은 사용자 간 거래를 만들어낼 수 있으며, 이를 통해 더 많은 사용자 가치를 창출해낼 수 있다. **그림 7.2**는 CSP가 핵심 서비스인

가정 내 5G 연결성 제공을 중심으로 얻어낼 수 있는 다양한 가치 영역을 보여준다. 이 그림을 통해 CSP가 적절한 사용자 데이터를 얻어낼 수 있는 광범위한 제어지점을 자사의 보호 영역 안에 두고 있음을 알 수 있다. CSP는 수백만 명의 최종 고객에게 청구서를 보내고 요금을 받는 관계를 맺고 있다. 또한 라우터나 셋톱박스 등의 형태로 집 안에 물리적인 액세스 포인트를 운용하고 있다. 기기 내에 내장된 SIM카드도 CSP의 소유다. CSP는 네트워크 말단에 있는 상당 수 커넥티드 기기에 대한 접근 권한을 이미 확보했으며, 5G로 이행하는 과정에서 새로운 제어지점들을 추가해나가고 있다.

탁월한 사용자 경험을 통한
데이터 통제의 정당화

그러나 이 같은 전략의 주된 문제는 CSP가 자사 네트워크를 타고 움직이는 데이터 흐름에 접근해서 신뢰할 만한 퓨처홈 생태계 협력사들과 함께 이를 거래 가능한 자산으로 전환하는 것이 상시 허용되지 않는다는 데 있다. 고객 기대에 부합해서 데이터 사용 권한을 부여받기 위해서는 다른 무엇보다도 탁월하면서도 필수적인 서비스를 제공해야 한다. 사용자가 퓨처홈 서비스를 통해 얻는 순익이 특정한 개인정보나 사용 정보에 대한 통제력을 상실했다는 인식보다 커야 한다.

물론 CSP는 사용자 데이터에 대한 지배력을 남용하지 않을 것이라는 사실도 증명해야 한다. 하지만 탁월한 고객 경험 없이 개인정보 보호와 보안 준수를 다짐하는 것만으로는 충분치 않다. 많은 조사 연구들을 통해 사용자들이 뛰어난 서비스와 제품 경험에 얼마나 많은 가치를 부여하는지 밝혀졌다. 뛰어난 사용자 경험은 소비자 신뢰와 함께 서비스 제공업체와 관계를 유지하려는 경향을 강화한다. 퓨처홈 밖에서 폭발적으로 늘어난 인터넷 서비스와 모바일 애플리케이션들이 그 증거다. 소비자는 자신을 위해 진정한 가치를 창출해주는 서비스를 제공받는다면 기꺼이 자신의 데이터를 공유하고자 할 것이다.

고객은 일상 업무와 연관성이 있고 유용하다고 생각되는 서비스를 신뢰한다. CSP 기업인 스위스콤은 최근 새로운 옴니채널omnichannel 플랫폼을 도입했다. OCE(옴니채널 고객 경험)라고 이름 붙인 이 플랫폼은 더 이상 제품에 주안점을 두지 않고 제품 사용자에게 초점을 맞추고 있다.[4] OCE 플랫폼을 통해 고객 개개인을 파악함으로써 스위스콤은 특정 가정 내에서 어떤 서비스가 어떤 사용자에 의해 소비되는지 처음으로 파악할 수 있게 됐다. 2019년 3월 스웨덴의 통신회사 텔리아Telia는 CSP가 가정 공동체의 디지털 일상을 능동적으로 지원하는 개념의 텔리아 스마트 패밀리Telia Smart Family를 출시했다.[5] 그러나 대다수 CSP의 경우 이 정도의 고객 연관성을 달성하려면 아직 갈 길이 멀다. 앞선 사례처럼 플랫폼 기술을 채택한 CSP 조차 여전히 새롭게 획득한 역량을 고객을 위한 진정한 새로운 가치로 전환하기 위한 여정의 출발점에 서 있을 뿐이다.

플랫폼은
제휴와 연합이 필요하다

지금까지 CSP는 협력사의 서비스들을 자사 제품에 통합해서 자사 브랜드로 묶어 단일한 상품을 내놓는 데 머물러왔다. 그래서 전체 가치사슬이 묶음 상품의 마케팅 성공 여부에 좌우됐다. 이를 통해 창출된 가치는 비록 규모는 적어도 CSP에 의해 모든 기여자에게 배분됐기 때문에 생태계는 CSP가 앞장서 이끄는 데 의존할 수밖에 없었다.

　이 같은 묶음 상품 방식과는 완전히 다르게 퓨처홈은 개방형 플랫폼의 주도를 통해 모든 참여자가 플랫폼의 기능을 활용해서 자체적인 비즈니스 사례를 만들도록 유인책을 제공해야 한다. 다양한 유형의 협력사들이 플랫폼의 성장과 성공을 창출하고 이를 유지하는 데 매력을 느껴야 한다. 그 출발점은 커넥티드 기기와 서비스다. 묶음 상품으로 한데 묶는 대신 협력사들은 자신들의 서비스를 직접 사용자에게 제공하거나 생성된 기능과 데이터를 다른 애플리케이션에 제공할 기회를 가져야 한다. 그리고 의료와 운동, 금융, 보험, 소비재, 소매업, 음식 배달 등 다양한 산업계 협력자들도 있다. CSP는 점차 이들 모두를 플랫폼에 합류하도록 끌어들일 필요가 있다.

다음으로는 개발자 커뮤니티다. 전 세계적으로 현재 약 2,500만 명의 개발자가 활동 중인데, 이들 가운데 750만 명이 유럽과 아시아에 있고, 북미 대륙의 개발자도 500만 명에 육박하며, 나머지는 세계 각국에 분포해 있다. 이들 중 65퍼센트가 시간제로 일하고 있지만, 자신이 개발한 앱을 통해 더 많은 돈을 벌거나 자신의 뛰어난 아이디어가 채택되기를 소망한다.[6] 때문에 이들은 충분한 도달률을 만들어내는 플랫폼을 대상으로만 자신들의 노력을 기울인다.

마지막으로 다른 서비스 제공업체들과의 협력도 필요하다. 이들은 엣지 컴퓨팅과 빅데이터 분석, AI와 머신러닝 기반 통찰력의 창출, 실행 가능한 분석, 보안 서비스, 결제 및 배송 서비스 구현에서 CSP를 지원하게 될 것이다.

이처럼 다양한 협력자들을 유인하기 위해서는 인프라 제품을 통한 미디어 콘텐츠의 묶음 판매를 기반으로 한 기존 플랫폼이 제공해왔던 것을 뛰어넘는 새로운 가치를 제공하는 플랫폼을 내놓아야 한다. 성공의 열쇠는 기존 모델의 수익원을 포기하지 않으면서 새롭고 더 매력적인 플랫폼 모델로 전환할 방법을 찾아내는 데 달려있다.

이와 함께 보통 과거에는 국경 안에서 국영 독점기업으로 군림했던 CSP가 더 많은 개발자들의 관심을 끌기 위해 확장성과 도달률을 달성할 필요가 있다. 예를 들어 캐나다의 시장 규모가 미국 인구의 10퍼센트에 불과할 만큼 소규모인 데다 특정 CSP가 제공하는 지정된 데이터 프로토콜로만 접속이 가능한 상황에서 싱가포르에 있는 홈서비스 앱 개발자가 캐나다에서 퓨처홈 솔루션과 관련해서 협력할 만한 CSP를 어떻게 찾아낼 수 있을까?

이 문제에 대한 해결책은 국제 표준이다. CSP가 협력을 통해 전 세계적으로 확장 가능한 플랫폼을 만들어낸 성공 사례를 거의 찾아보기 힘들지만, 이제는 한두 가지 국제 표준 아래 공동전선을 펴는 일이 필수적으로 요구될 것이다. GSM 무선 기술표준에 합의했을 때처럼 된다면 자신들은 물론 사용자와 사회 전체를 위해 엄청난 가치를 창출해낼 것이다. 다시 한번 이 같은 성공을 재현해야 한다.

개별 커넥티드홈 앱만으로는
충분하지 않은 이유

대부분 기업은 지금까지 홈 오토메이션 앱으로 홈 시장에서 승리하려고 애써왔다. 컴캐스트의 아이콘트롤iControl과 도이치텔레콤의 퀴비콘Quivicon 같은 초창기 시도들은 그나마 성공적이었다.[7] 아이콘트롤은 적어도 다른 대체재보다 저렴한 가격에 DIY 방식의 홈 보안 솔루션을 제공한다는 강점이 있었다. 하지만 모든 면에 있어서 이러한 방식은 그 장점을 충분히 인정받지 못했다.

퓨처홈 시장의 상황은 스마트폰 시장과 유사하다. 필요한 것은 사용자가 특정한 상황을 헤쳐나갈 수 있게 해주는 앱 하나가 아니라 삶을 개선하고 일상을 지원하는 무수히 많은 사소한 제품과 서비스들 그리고 창의적인 개발자들에 의해 생겨난 끊임없는 혁신의 물결이 사용자들에게 제공되는 것이다.

2장에서 우리는 8가지 서로 다른 사용자 사고방식과 퓨처홈에 대한 요구가 빠르게 늘어나는 상황에 대해 살펴봤다. 앱 하나로 이 모든 요구에 부응하고 다양한 사용자 집단의 관심을 유지할 가능성은 높지 않다. CSP는 여전히 자체적인 애플리케이션을 제공할 수 있고 분명 그렇게 행동할 것이다. 하지만 동시에 서드파티 개발자들에게 오픈 API를 제공해서 이들이 개발한 제품과 서비스를 고객에게 제공할 수 있도록 해야 한다. 이를 통해 CSP는 다양한 제어지점을 획득하고, 데이터를 생성해서 이 데이터를 CSP 자신과 생태계 협력 기업 그리고 고객 모두에게 가치를 제공하는 거래 가능한 자산으로 변환할 수 있는 방법을 찾게 될 것이다.

플랫폼 협력사 유인의
지루한 게임

모든 생태계 협력사의 관심사는 제각기 다르므로 CSP가 이를 파악하고 조정해야 한다. 이를 위한 핵심 과제는 수익 창출 모델을 혁신해서 관련된 모든 협력사에 유인책을 제공하는 것이다.

일부 기기 제조업체는 자사 기기의 연결에서 추가 수익 발생을 전혀 기대하지 않고 순수하게 자사 제품이 퓨처홈과 연관성을 갖고 주목받는 데만 관심을 두겠지만, 다른 업계 협력자들은 이미 서비스 사업에 뛰어들었거나 하드웨어 사업을 적어도 부분적으로는 서비스 사업으로 전환하는 과정을 밟고 있다. 때문에 일부 업체는 자체적으로 더 폭넓은 서비스 포트폴리오를 구축해서 자사 하드웨어를 통해 혁신 기술 기반 서비스를 가정에 지속적으로 제공하기를 원할 수도 있다.

개발자들은 도달률과 수익 창출 기회뿐 아니라 특정 플랫폼을 기반으로 고객 경험을 창출할 수 있게 되기를 기대할 것이다. 이와 달리 서비스 제공업체는 CSP에 플랫폼 역량을 증진시킬 수 있는 기회를 팔거나 CSP와 제휴를 통해 부가가치 서비스를 가정이나 커넥티드 기기 제조업체, 업계 협력사들에 판매하려고 할 수도 있다. 집 안에서 광대역 커버리지를 넓히는 서비스나 방화벽 등의 보안 솔루션 또는 사용자 경험을 증진하는 특정 서비스가 그 대상이 될 수 있다.

이렇게 서로 다른 유형의 모든 협력자가 CSP와 손을 잡았을 때 얻어낼 수 있는 확장성과 도달률에 근거해서 참여 여부를 저울질할 것이다. 또한 퓨처홈 플랫폼을 통한 지속적인 서비스 수익 증가가 얼마나 용이할지 가늠해볼 것이다. 도달률과 CSP 플랫폼을 기반으로 한 비즈니스 창출의 용이성이 이들 집단의 선택을 크게 좌우할 전망이다.

기본 서비스를 통한
생태계 협력사 유인

서드파티 업체들을 끌어들이는 유인 요소 역시 무엇보다 CSP의 서비스 목록이 최종 사용자들의 흥미를 끌만한 매력과 사용 편의성이 얼마나 좋은지에 의해 좌우될 것으로 예상된다. 계정 관리, 서비스 전달 과정에서 제공되는 (알림, 주문 처리, 서비스 보증, 과금 등의) 부가 서비스, 그리고 서비스 사용 과정에서 지속적인 학습과 피드백 기회 제공 등이 이에 해당한다. CSP가 이 서비스들과 관련된 업계 모범 사례를 따를 수 있을 때 비로소 협력사들이 충성심을 보일 것이다.

따라서 플랫폼 통합 관리자로서 CSP는 관련 협력사에 다양한 기본 서비스들을 제공함으로써 이들을 유인할 수 있다. 그렇게 되면 서드파티 업체들이 CSP 플랫폼을 기반으로 서비스를 제공하려고 할 때 CSP는 보유한 인프라 제어지점들을 통해 최종 사용자의 계정을 관리할 수 있다. 또한 CSP는 사용자 행동 학습을 통해 만들어내는 풍부한 사용자 데이터 자산 덕에 생태계 참여자들에게 서비스를 제안하고, 서드파티 업체들이 제공하는 서비스에 서비스 주문 처리나 서비스 보증, 그리고 서비스 최적화 등의 요소를 추가할 수도 있다. 마지막으로 CSP는 생태계 참여자들에게 사용자 피드백을 제공할 수도 있다.

현재 CSP의 주된 수입원은 주로 최종 사용자들에게 받는 네트워크 접속료지만, 퓨처홈에서는 이 모든 부수적 서비스들이 추가적

인 매출을 창출함으로써 CSP가 점점 더 수익성 높은 생태계 관리자
로 변모할 것이다.

1. 다면 플랫폼은 아마존이 성공을 거둔 핵심 비결로 지금까지 수직적 통합 구조와 부서 간 칸막이 문화를 고수해온 CSP는 이 같은 플랫폼의 장점을 받아들일 필요가 있다.

2. 인프라를 통제하고 관리하는 대신 개방적인 태도로 데이터를 통제하고 관리함으로써 CSP는 스스로는 물론 신뢰성 있는 협력사들에 더 많은 추가적 가치를 창출할 진일보한 퓨처홈 데이터 관리 서비스를 만들 수 있게 될 것이다.

3. 여전히 폐쇄형 네트워크 서비스에 머물러 있는 CSP라면 착각해서는 안 된다. 어떤 형태가 됐든 변화는 불가피하며, 이를 통해 연관성과 확장성, 경험과 신뢰를 기반으로 한 개방형 생태계의 관리자가 돼야 한다.

미리
보기

5G 시대 퓨처홈과 이후 기술이 고객 유치에 성공하기 위해서는 관련 업계의 대대적 재편이 요구된다. 가정 내 기술의 파편화 외에도 다양한 장애물들이 퓨처홈의 앞길을 가로막고 있다. 가장 큰 걸림돌은 뛰어난 사용자 경험의 구현을 위해 기기 간, 서비스 제공자 간, 하드웨어 제조사와 개발자 간에 아무런 제약 없이 흘러야 할 데이터가 끊임없이 개별 기기나 서비스의 칸막이에 가로막히는 것이다. 개별 기여자의 데이터 소유권과 부여된 사용권을 존중하면서도 엄격히 통제돼온 이 칸막이를 헐어버리고 모든 생태계 참여자가 공동 데이터 저장소에 정보를 입력하게 만들 충분한 유인책을 마련하지 않는 한 퓨처홈 구현을 위해 애써봐야 아무 소용없는 일이다. 중립적인 업계 단체가 통제하는 중앙집중식 데이터 취급소가 해결책이 될 수 있다.

8장
퓨처홈 생태계를 위한
유인책 마련

The
Future Home
in the 5G Era

퓨처홈이 성공을 거두려면 반드시 충족돼야 할 요건들이 있다. 그중에서도 가장 중요한 요건은 업계 협력자들이 제공하는 커넥티드 기기와 서비스로 구성된 가정 내 자원이 충분히 풍요로운 사용자 경험을 만들어내야 한다는 것이다. 그래야만 비로소 가족 구성원들이 이같은 서비스들이 퓨처홈과 연결된 디지털 일상과 개인적인 적용 사례를 지원하도록 허용할 것이다.

현재 상태로는 다양한 장애물이 이를 가로막고 있지만, 새롭게 등장한 신기술들이 이 걸림돌들을 상당히 많이 없애가고 있다. 짧은 지연시간과 빠른 데이터 전송을 앞세운 5G 연결성이 가장 대표적인 기술로 5G의 단계적 도입은 많은 문제를 해결해 나갈 전망이다. 그중에는 기존 무선 기술표준의 난립과 함께 기존 커넥티드홈 기기의 고립된 포인트 투 포인트 환경 문제도 있다. 따라서 5G는 퓨처홈 솔루션을 둘러싼 생태계의 발전을 촉진하고, 이는 다시 소비자가 수용할 만한 탁월한 수준의 사용자 경험을 끌어낼 것이다.

일부 CSP는 앞서 언급한 컴캐스트 엑스피니티나 텔리아 스마트 패밀리의 사례를 모범으로 삼아 광대역 인프라와 미디어 콘텐츠를 한데 모아 묶음 상품으로 판매할 때 고객 경험과 사용자 중심 사고 방식을 핵심적인 사항으로 고려할 것이다. 엑스피니티의 경우 사용자가 계정 당 최대 6명의 다른 사용자를 초대할 수 있어 가족이 함께 거주하는 가정에 매력적인 선택지를 제공한다. 다른 기업들은 아예 플랫폼 운영자로 변신을 꾀할 것으로 보이는데, 그 방식에 대해서는 7장에서 분석한 바 있다.

그렇다면 CSP가 고객과 필요한 협력사를 함께 유인해서 플랫폼이 제대로 작동하게 하려면 어떻게 해야 할까?

선제적 멀티 태스커로서
퓨처홈

퓨처홈 플랫폼의 성공을 위한 필수 요소들을 찾아내기 위해서는 초연결된 홈 환경이 어떤 서비스를 제공해야 하는지에 대한 분석부터 시작하는 것이 바람직하다. 퓨처홈은 가족 공동체 전체와 개별 사용자 각각의 디지털 일상을 동시에 지원하게 될 것이다. 현재 우리의 디지털 일상생활을 관리하는 중앙 지휘사령부는 스마트폰이다. 그런데 미래에는 오히려 개별 기기에 점점 덜 의존하게 될 것이다. 대신 퓨처홈이 드러나지 않으면서도 선제적으로 작동하는 서비스들을 통해 집에 있을 때나 이동 중일 때 모두 능동적으로 우리의 삶을 제어하게 될 것이다. 퓨처홈은 사용자 중심적으로 상황을 인식하면서 권장사항을 제시하고 우리를 대신해 광범위한 서비스들을 관리하는 권한을 부여받게 된다.

퓨처홈이 사용자 요구가 발생하기 전에 이를 파악할 수 있다면 더할 나위 없다. 이를 위해 퓨처홈은 충분한 하드웨어 자원과 소프트웨어 기반 '두뇌'를 탑재해서 매 순간 어떤 서비스와 커넥티드 기기가 서로 협력해야 하는지 그리고 어떻게 하면 특정 사용자를 위해 바람직한 결과를 도출할 수 있는지 판단하게 될 것이다. 이는 의심할 여지 없이 도전적인 목표로, 이를 달성하기 위해서는 퓨처홈이 사용자 행동과 사고를 더욱 넓은 맥락에서 이해하고, 인간의 의도와 행동을 학습해 이를 예측하고 확인할 수 있을 만큼 지능적이어야 한다.

다음의 비교적 간단한 퓨처홈 경험을 매끄럽고 유익하게 구현하려면 얼마나 많은 기기 간 데이터 전송이 필요할지 한번 생각해보자. 퓨처홈에 사는 한 거주자는 아침에 정시 출근을 해야 하지만 30분이나 늦잠을 자버렸다. 유능한 비서로서 퓨처홈의 책무는 통상적인 일과 가운데 일부를 완전히 건너뛰고 다른 일부는 빨리 해치움으로써, 아니면 더 빠른 대체 출근 교통수단을 찾아냄으로써 거주자가 제때 출근할 수 있게 만드는 일이 될 것이다. 퓨처홈이 조정할 아침 일과에는 용변 보기나 출근 복장 고르기, 서류 가방 챙기기, 아침 식사, 택시 부르기, 더 빠른 출근 경로 계획하기를 비롯해서 회사 도착 시각을 지연시키거나 앞당길 수 있는 아주 많은 일들이 포함될 것이다.

퓨처홈 생태계가 서로 연결돼 있긴 하지만 그다지 관련성이 없는 다양하고 복잡한 문제들을 한꺼번에 해결해야 비로소 정말로 도움이 되는 결과를 끌어낼 수 있음을 쉽게 알 수 있다. 예를 들어 퓨처홈은 '지각하지 않는다on time'는 것이 실제 어떤 의미인지 이해해야 한다. 지각하지 않는 것은 늘 정해진 시간을 지킨다는 의미일까 아니면 그날그날 사용자가 참석 예정인 첫 회의 시간에 맞춘다는 의미일까? 그뿐만 아니라 퓨처홈은 일정표를 이해해야 하며, 다양한 출퇴근 수단과 함께 이용법도 알아야 한다. 그리고 무엇보다 모든 아침 일과가 매끄럽게 어우러지도록 흐름을 최적화할 수 있어야 한다.

효율적인 퓨처홈의 5가지 특성

이처럼 상호 연계된 일련의 사건과 기기 기능들을 확실한 사용자 경험으로 바꿔내는 일은 부드럽게 표현해도 상당히 야심 찬 목표다. 이를 위해서는 첫째, 온갖 종류의 기기와 서비스를 끊김 없이 매끄럽게 이어주는 연결성이 필요하다. 5G가 이 연결성과 서비스 검색 개선에 도움이 되지만 이를 위해서는 CSP가 퓨처홈의 전체 기반 서비스 목록을 제공해야 한다. 퓨처홈이 단순히 기기들을 연결하는 차원을 넘어 기존의 외부 웹 서비스와 애플리케이션들을 결합하고, 이에 더해 수많은 서비스의 표준 통신 프로토콜인 API 관리를 자율적으로 수행할 수 있어야 한다는 사실을 유념해야 한다.

둘째, 퓨처홈 플랫폼이 선제적으로 행동할 수 있으려면 사용자가 하는 행동과 사용자가 세우는 계획의 맥락과 의미를 이해할 수 있어야 한다. 이를 위해서는 사용자 의도와 일상적으로 하는 반복 행동을 해석하는 데 어떤 서비스와 커넥티드 기기가 도움이 되는지 파악하는 능력을 갖춰야 한다. 이 같은 시스템은 많은 서비스와 커넥티드 개체의 기능을 검색하고, 교통수단 선택에 영향을 미치는 교통 정보처럼 해당 서비스와 커넥티드 개체의 반응에 영향을 미칠 가용한 맥락 정보를 파악할 수 있어야 한다. 요컨대 사용자를 둘러싼 전체 사물들의 세계를 아우르는 의미 검색 능력을 갖춰야 한다.

셋째, 퓨처홈은 모든 일들이 매끄럽게 이어질 수 있도록 정교한 AI와 머신러닝 최적화 능력을 갖춰야 한다. 5장과 6장에서 간략히 소개한 것처럼 퓨처홈 생태계는 맥락 정보를 기반으로 의도를 해석하고 권장사항을 조정하는 능력을 경험을 통해 사전에 갖추게 될 것이다. 이는 하루 첫 커피를 꼭 마셔야 하는지, 신문 요약 정보는 건너뛰거나 시간 절약을 위해 자율주행차로 전송해두어도 되는지처럼 퓨처홈이 아침 일과 중에 어떤 일이 더 중요하고 어떤 일이 덜 중요한지 이해하는 데 도움이 된다. 이처럼 퓨처홈은 모든 선택지와 시나리오들을 평가해서 권장사항을 도출하는 능력을 갖추게 될 것이다. 또한 사용자가 특정한 권장사항을 따르지 않는 경우 이에 맞춰 차선책을 이행하게 될 것이다.

넷째, 퓨처홈은 사용자 식별 및 인증 권한과 함께 모든 종류의 지불을 관리하는 권한을 부여받아야 한다. 앞서 소개한 대로 개인 정보 보호와 보안은 퓨처홈 전략이 성공을 거두기 위한 토대이므로, 퓨처홈을 구동하는 플랫폼이 집 안에서 사용되는 모든 커넥티드 기기와 서비스에 보안 접속할 수 있어야 한다. 퓨처홈은 시간이 흐르면서 축적되는 정보를 사용하거나 미리 주어진 사용자 정책을 통해 모든 사용자를 개별적으로 식별하고 인증할 수 있어야 한다. 그뿐만 아니라 스마트 냉장고가 한 주 동안 필요한 유제품을 자동으로 새로 주문할 때처럼 사용자 이름으로 대금 결제를 할 수 있는 권한까지 부여받아야 한다. 이 모든 일을 수행하기 위해 퓨처홈은 모든 출처의 정보들에 접근할 수 있어야 하는데, 이를 위해서는 빈틈없는 개인정보 보호와 안전, 윤리와 보안 관리가 요구된다. 사용자가 공유를 원치 않는 어떤 데이터도 공개돼서는 안 된다. 이는 어떤 데이터도 필요한 맥락을 벗어나 제공되지 않도록 분산 원장과 블록체인 기술 등을 통해 제어 내역을 기록하는 시스템이 갖춰져야 한다는 의미이기도 하다.

퓨처홈 생태계가 넘어서야 할 다섯 번째 난관은 네 번째 문제와 밀접하게 연관돼 있다. 퓨처홈 생태계 내에서는 사용자를 대신해 서비스 접속과 실행 여부를 판단하는 자율적인 결정이 엄청나게 많이 이뤄질 것이다. 이는 사용자가 이런 시스템의 작동을 전적으로 신뢰할 경우에만 가능한 일이다. 사용자는 플랫폼의 역할 개념과 접속 및 사용 권한을 독자적으로 설정하고, 필요하면 언제든 플랫폼이 내리는 결정을 번복할 수 있어야 한다.

생태계와 사용자 경험을 망치는
데이터 칸막이

문제는 앞서 제시한 5가지 사항에서 설명한 과제와 책무를 다루기 위해 필요한 모든 데이터가 현재 칸막이에 갇혀 있다는 점이다. 이런 상태대로라면 퓨처홈 플랫폼이 휴대전화나 다른 화면을 통해 권장사항을 제시한다든지 승차공유 서비스를 호출하거나 음악 재생목록 열기, 내일 업무 일정 확인하기처럼 기기를 조작해서 적절한 행동을 하는 것은 고사하고 커피머신에 접근하는 일조차 불가능하다. 칸막이 별로 나뉜 데이터 단절이 해소되지 않고 지속될 경우 퓨처홈은 그렇게 복잡한 시나리오에 노출된 적이 없기 때문에 맥락을 충분히 이해하지 못할 수밖에 없다. 이렇게 되면 퓨처홈은 사용자에게 제대로 된 서비스를 제공할 수 없다.

그뿐만 아니라 이 같은 시나리오의 실현을 위해 협력해야 할 잠재적 생태계 참여자들의 상당수가 데이터를 현재 존재하는 칸막이 너머로 넘기도록 요구받을 경우 주저할 것이다. 이들은 먼저 현실성 있는 비즈니스 사례를 통해 충분한 수익성이 보장되는 사용자 경험 측면에서 자신들에게 어떤 이득이 돌아올지부터 묻게 된다. 그 같은 전제가 충족될 때 비로소 그들은 플랫폼에 합류할 것이다.

따라서 현재 플랫폼 참여가 필수적으로 요구되는 다양한 업체들이 기꺼이 데이터를 제공하고 협력하게 만들 사업 구조와 유인책에서 부족한 것은 기술이나 데이터가 아니다. 업체들이 필요로 하는 모든 부분을 제공하기 위해서는 서로 다른 데이터를 상호 운용하고 해석하는 데 도움이 되는, 모든 생태계 참여자가 언제든 활용할 수 있는 공동의 프레임워크가 반드시 필요하다. 이 프레임워크는 시장성 있는 양질의 사용자 경험을 위해 접속과 사용자 권한 관리를 수행하고, 데이터 소유권을 지원하며, 데이터 추출과 표준화를 수행하는 수단을 구현할 수 있어야 한다.

앞장에서 CSP가 기존의 비즈니스 모델을 발전시켜서 사용자와 사용 데이터를 지키는 신뢰성 있고 안정적인 문지기로 변신하고, 이를 통해 퓨처홈 생태계의 핵심 조정자로 자리매김할 수 있는 방안을 분석한 바 있다. 하지만 데이터가 칸막이에 갇혀 있는 상황에서는 이 모든 노력이 아무 소용 없다. 무수히 많은 배타적 통신 프로토콜은 서로 정보를 주고받지 않고, 기본 설정상 커넥티드 기기들은 자신들에게 연결된 애플리케이션에만 데이터를 제공한다. 때문에 퓨처홈 생활을 위해 새로 개발된 애플리케이션이 가정 내 모든 기기에서 생성된 데이터를 취합해서 신규 기기와 서비스 개발과 적용의 기반이 되는 사용 정보 기반 통찰력을 만들어내는 통일성 있고 깊이 있는 단일 데이터 플랫폼을 활용할 수 있는 길이 막혀 있는 상태다. 이런 상황에서 궁극적으로 피해를 입는 쪽은 뛰어난 사용자 경험이다. 앱과 서비스들이 서로 정보를 주고받지 못하면 변화하는 사용자의 요구와 맥락에 제대로 적응하고 대응하는 일도 당연히 불가능하다. 앞서 언급한 아침 늦잠으로 지각한 시나리오는 물론 그 밖의 많은 일들이 실현 불가능해지는 것이다.

퓨처홈을 위한
데이터 칸막이 부수기 사례

데이터 칸막이data silo를 무너뜨리려는 시도는 이미 여러 차례 있었다. 한 예로 오픈소스 커뮤니티에서는 이클립스 재단Eclipse Foundation이 보쉬Bosch와 도이치텔레콤 같은 엔지니어링 전문기업의 후원 아래 자체 개발한 홈 오토메이션 플랫폼 오픈햅OpenHAB과 이클립스 스마트 홈Eclipse Smart Home 프레임워크 기반의 개방형 프레임워크 구축을 시도해왔다.[1] 하지만 이 기술표준은 성공을 거두는 데 필요한 개발자 집단의 관심을 불러일으키지 못했다. 원인이 무엇일까? 이것도 플랫폼의 일종이므로 성공을 거둬야 마땅한 것 아닌가? 물론 이들이 만든 것도 플랫폼의 일종으로 다양한 기기들의 통신 프로토콜을 공통 언어 프레임워크로 변환해주지만, 실제로는 기기 간 사용 데이터 교환을 지원하지 않고 그런 기능을 탑재하지조차 못했다. 조직화된 퓨처홈 생태계와 우수한 소비자 경험의 필수 불가결한 핵심 기반이 결여된 것이다.[2]

미국의 통신 장비 기업인 퀄컴Qualcomm을 비롯한 몇몇 유수 기업과 표준화 컨소시엄 원엠투엠oneM2M[3]이 후원하는 IoT 플랫폼 올조인Alljoyn이 커넥티드 개체들의 기술표준을 통합하고 등급을 일치시키려고 노력해왔다. 하지만 웹 개발자들이 기술표준의 통합을 이해하지 못할뿐더러 프레임워크를 통해 커넥티드 기기들을 자신의 애플리케이션 자원으로 활용하는 일을 어렵게 느낄 수밖에 없어서 이 같은 시도 역시 성공을 거둘 가능성이 딱히 높아 보이지 않는다.

따라서 데이터 칸막이 문화가 업계에서 사라질 가능성은 당분간 그리 높지 않아 보인다. 애플이나 아마존, 구글 같은 거대 인터넷 기업들도 모두 자체적으로 배타적인 프레임워크를 운용 중이고, 페이스북은 2019년 4월 열린 연례 소프트웨어 개발자 콘퍼런스 F8에서 "사생활 보호가 미래The future is private"라고 선언했다.

퓨처홈의 출현을 위해서는 모든 잠재적 관련자들이 이런 소극적 태도를 버리고 공동의 노력에 전념하는 것이 타당해지는 지점에 도달해야 한다. 퓨처홈 생태계 내에서 연합체를 이룸으로써 손에 넣게 될 수십억 달러 규모의 기회가 놓치기에는 너무 크다는 사실을 결국에는 모두 깨닫게 될 것이므로 더디긴 해도 분명 그 같은 방향으로 상황이 전개될 것으로 기대한다.

범용 변환 플랫폼의
가능성

지금까지 설명한 방식 외에 퓨처홈에서 모든 기기와 서비스를 포괄해서 막힘 없는 전방위적 데이터 흐름을 만들어낼 수 있는 제3의 길도 있다. 국제 웹 표준화 기구인 월드와이드웹 컨소시엄World Wide Web Consortium, W3C은 '사물things'로서 커넥티드 개체의 통일된 정의를 제안했다. 이 정의는 모든 기기의 기능을 속성properties, 동작actions, 결과

events 3가지 요소로 분류한다. 이 세 범주로 모든 홈 디바이스를 설명하고 개별적으로 식별할 수 있다. 이런 '원자 모형'의 장점은 다른 모든 통신 기술표준이나 프레임워크를 이 기본 요소들로 나눔으로써 '범용 변환자universal translator'를 구축해서 집 안에 설치된 온갖 종류의 커넥티드 기기와 서비스로부터 데이터를 습득하고 일치시키고 걸러낼 수 있다는 것이다. 또 다른 표준화 노력으로 원엠투엠은 퓨처홈의 범용 표준 구축에 도움이 될 필요조건 목록을 제시했다.[4]

이 같은 가치 제안에는 로컬 소프트웨어 객체와 다양한 IoT 기술 및 표준 등을 디지털 트윈을 통해 경험하게 함으로써 개발자들을 IoT의 파편화로부터 보호하고, IoT 애플리케이션 개발 및 활용 비용과 위험을 크게 줄이려는 의도도 담겨 있다. 이 시도는 사물에 대한 고유 식별자인 URIUniform Resource Identifier와 풍부한 메타데이터, 그리고 이 기기는 특정한 방의 온도를 알려주는 온도 센서라는 식의 의미 정보를 제공하는 것을 전제로 한다.

이 두 가지 시도가 결합되면 데이터 기술표준과 통신 프로토콜이 일치하지 않는 문제를 풀기에는 충분하다. 하지만 현재 이런 시도들은 초기 단계에 불과하다. 화웨이나 지멘스Siemens, 커넥티드닷컴connctd.com 같은 일부 스타트업 등의 기업 연구소에서만 주로 사용되고 있다. 지멘스는 홈 오토메이션 분야의 글로벌 선두주자로 W3C가 주도하는 사물웹Web of Things, WoT 같은 계획에 적극적으로 참여하고 있지만, 이 계획들은 여전히 퓨처홈의 약속을 실현하기 위한 초기단계에 머물러 있다.[5]

진전은 여전히 제한적이다. W3C는 자신들이 개발한 모델에 대해 불과 261개 개별 회원사를 확보하는 데 그쳤다. 이는 칸막이를 없애고 퓨처홈에 필요한 데이터를 확보하기에 충분한 임계치에 한참 못 미치는 수치다. 이런 시도들의 수용 속도가 이처럼 더딘 까닭은 무엇일까? 가장 큰 문제는 개별 기기 성능 관련 정보 중에 아직 인터넷에 연결되지 않은 내용들이 많다는 점이다. 개발자들이 기기 데이터를 활용하는 앱과 알고리즘을 개발하기 위해서는 관련 정보들을 접하고 그 정보들을 이해할 필요가 있다. 그렇지만 수백만 개의 개별 기기 유형과 제조사가 이 공통 표준에 기여해야 하는 만큼 이는 엄청난 숙제다.[6]

또 다른 주요 과제는 현재 커넥티드홈의 데이터를 소유한 대기업들이 소중한 자산을 공동 프레임워크에 제공하게 만들 적절한 유인책이 충분치 않다는 점이다. 이들이 데이터를 제공한다면 퓨처홈 개발자들은 커넥티드 기기에 자유롭게 접근해서 자신들의 애플리케이션을 위한 입력 소스로 사용할 수 있게 될 것이다. 이는 현재 웹 애플리케이션 개발에서 일반화된 방식이다.

퓨처홈 플랫폼을 위한
청사진

앞서 언급한 '회사에 지각하는' 시나리오와 그 밖의 많은 퓨처홈 기능을 가능하게 해줄 나머지 핵심 요소는 플랫폼 협력자들이다. 7장에서 우리는 퓨처홈 생태계를 성공적으로 형성하는 데 필요한 다양한 협력자들을 소개했다. 이들은 새로운 커넥티드 기기를 만드는 제조업체와 보안, 가전, 의료 등의 영역에서 가정에 제품과 서비스를 제공해온 기존의 업계 협력사들, 참신하고 흥미로운 애플리케이션을 만들어내는 데 필요한 개발자 커뮤니티, 전체 시스템을 구동하고 이를 개선하는 서비스 제공업체 등이다.

이 참여자들은 데이터뿐만 아니라 시스템도 요구할 것이다. 다행히 여기서 요구하는 시스템은 이미 존재하며, 이는 데이터 공유의 촉진에도 기여할 것이다. 다양한 기업들을 한데 모아 퓨처홈 플랫폼을 만들어내기 위한 청사진은 **그림 8.1**에 제시한 바와 같다.

상호 운용성 프레임워크의 핵심에는 메타데이터 중앙 저장소와 의미론적semantic 모델링이 자리해서 퓨처홈 솔루션을 구성하는 모든 기기와 서비스 간 상호 운용성을 구현하게 될 것이다. 이를 중심으로 일련의 핵심 기능과 서비스들이 구축돼서 기존의 데이터 소스들과 연결고리를 만들게 된다. 이 연결고리가 데이터 수집과 표준화를 관리하고, 데이터를 해석 및 삭제하며, 활용할 수 있는 적절한 도구와 관리 수단을 제공할 것이다.

기존의 퓨처홈 생태계도 이 핵심 서비스들에 직접 연결될 수 있다. 이를 중심으로 이른바 통합 개발 환경Integrated Development Environment, IDE과 API가 개발자들이 앱과 서비스 개발에 필요한 도구를 찾아낼 수 있는 표준 공간으로 자리하게 될 것이다. 예를 들어 서비스 간의

그림 8.1 퓨처홈-상호 운용성 프레임워크와 6가지 필수요건

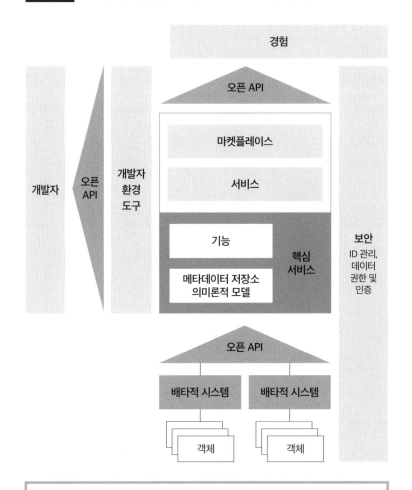

퓨처홈 구현을 위한 6가지 필수요건

1. 프런트 오피스의 디지털 방식 혁신
2. 백 오피스 혁신
3. 미래 CSP를 위한 인재 양성
4. 신속한 제품 개발 촉진
5. 기술 플랫폼 보강
6. 편재형 커넥티비티 계층의 활성화

맥락 해석과 상호 작용을 돕는 의미 검색이 포함될 수 있다. 또한 이 프레임워크의 핵심에는 신뢰와 보안 관리, 신원, 인증, 역할 관리, 접속 및 사용 권한 관련 시스템이 자리하게 될 것이다.

다양한 업계의 서비스 제공업체들이 이 핵심 플랫폼 위에 제품과 서비스를 추가해서 오픈 API를 인터페이스로 하는 마켓플레이스를 통해 외부 세계와의 접점을 구성하게 될 것이다. 그 위에 최종 사용자를 위한 참여 시스템과 경험 계층experience layer이 놓이게 된다.

CSP가 퓨처홈 생태계에서 핵심적인 역할을 수행하려면 우선 CSP부터 효율적인 생태계 관리자로 거듭날 필요가 있다. 6장에서 이미 설명했고 **그림 8.1**에서 다시 한번 요약 제시한 6가지 원칙을 통해 이를 달성할 수 있다.

플랫폼의 핵심이
완전히 개방돼야 하는 이유

상호 운용성 프레임워크에서 설명한 모든 기능들은 각기 다른 기업들에 의해 수행될 수 있다. 유일한 예외는 코어 서비스 데이터 플랫폼으로, 이 플랫폼은 금융 분야에서 국가 간 및 기관 간 지불 거래에서 사용되는 기존 플랫폼들과 작동 방식이 유사하다. 이러한 플랫폼들은 사용자에 의해 집단적으로 조직되고 자금을 조달받으면서 확장 가능성을 확보하고 협력사들에 보편적 접속 권한을 보장할 수 있다. 외국환거래 데이터 통신망 구축을 위한 국제협회 스위프트가 좋은 본보기인 것은 퓨처홈 플랫폼에서 개별 CSP나 다른 생태계 참여자가 플랫폼을 소유하고 관리할 경우 충분한 중립성이 보장되지 않기 때문이다. 대신 플랫폼을 업계 컨소시엄이나 오픈소스 재단, W3C 같은 독립 기구 또는 글로벌 산업협회인 TM 포럼의 관리 하에 두는 등의 다양한 환경이 적용될 수 있다.

요점은 플랫폼이 중립적인 태도를 취해야 할 뿐 아니라 도달률을 높이고 참여 기업 수를 확대하고 개발자 커뮤니티를 위한 매력을 높이는 등의 적절한 유인책을 마련해야 한다는 사실이다. 현재 이 중립 기관들 대부분이 표준 설정이나 모범 사례를 반영한 프레임워크 구축에 주력하고 있기는 하지만, 전체 생태계를 위한 소프트웨어를 구동하는 핵심 플랫폼의 진정한 운영자로 거듭날 필요가 있다.

이 같은 플랫폼은 이에 기여하는 하드웨어 제조업체를 비롯한 업계 참여자들의 이해관계를 조율함으로써 업체들이 종전에는 각기 서로 다른 방법으로 관리해왔던 데이터들을 플랫폼에 제공하는 행위에서 가치를 찾을 수 있게 해야 한다. 따라서 퓨처홈 내에 모든 데이터 제공자의 이익을 보호하는 데이터 사용 관련 헌장의 제정이 필요하다. 이 헌장은 데이터 소유권의 정의와 데이터 사용 및 데이터의 지속성에 관한 기준, 개인정보 보호 및 보안 기준, 역할과 접속 및 사용 권한을 관리하는 프레임워크, 그리고 무엇보다 데이터와 하드웨어, 서비스를 활용한 공동 수익모델을 위한 프레임워크를 규정하는 공통 수칙 역할을 하게 될 것이다.

지어라
그러면 올 것이다

순전히 기술적인 관점에서 보면 핵심 플랫폼은 이미 존재하는 표준 요소들로 구축될 수도 있다. 스크린과 앰비언트 기기, 음성인식 기기처럼 현재 소비자들이 사용하는 모든 홈 디바이스와 미래에 추가될 많은 기기는 경험 계층을 제공할 수 있는 기능을 갖추고 있다. 마찬가지로 오픈 API 관리 도구와 업무 프로세스 통합 요소, 인증 절차, 정책 및 보안 관리도 표준 기술 기반으로 구축될 수 있다.

그러나 이 플랫폼 아키텍처 내의 일부 기술들은 고정된 상태로 유지되지 않고, 매우 역동적이고 변화하기 쉬운 속성을 가지고 있다. 예를 들어 규칙 엔진이나 AI, 인지, 머신러닝 알고리즘 등은 끊임없이 발전 중이고, 수명주기 관리나 유료화 및 과금 솔루션, 분석 모델링 지원 도구도 마찬가지로 진화하고 있다. 발전이 예상되는 또 다른 요소는 핵심 의미 데이터 플랫폼으로, 차츰 더 '범용 변환자'에 기여하면서 점점 더 많은 입력 정보를 이해할 수밖에 없기 때문에 자연스럽게 규모가 증가하게 될 것이다.

그러므로 개발자 커뮤니티를 유인해서 새로운 앱과 서비스를 구체화하도록 제공한 도구들을 사용하게 하려면 공동의 노력이 필요하다. CSP는 생태계 참여자들이 협력을 시작하도록 유인책을 만들어내는 데 선제적으로 투자하는 것은 물론 퓨처홈 관련 스타트업과 벤처기업의 창업도 촉진해야 한다.

퓨처홈 구현을 선도하는
CSP의 역할

퓨처홈은 앞서 언급한 바와 같이 신뢰와 보안, 윤리와 안정성의 기반 위에 구축될 것이므로 결실을 맺게 될 것이다. 퓨처홈은 일상생활에서 탁월한 사용자 경험을 창출해내고, 이를 통해 신뢰할 만한 일상의 동반자라는 사용자들의 인식을 강화해나갈 것이다.

여기서 CSP가 전통적으로 수행해온 역할을 새로운 플랫폼 비즈니스의 역할과 결합하는 난제를 해결한다면 변화를 앞장서 이끌게 될 것이다. CSP는 통신 중심에서의 탈피와 편재형pervasive 네트워크• 개념의 실현, 새로운 업무수행 방식 채택, 새로운 기술과 역량 확보를 통해 기술 스택을 새롭게 해서 전통적인 고객 관계 관리 중심 정보기술을 철저한 사용자 중심 IT 아키텍처로 전환해야 한다.

마지막으로 이 시장에 진입하는 각기 다른 CSP는 기존 고객 유지와 함께 퓨처홈 실현을 위한 글로벌 데이터 프레임워크 구축에도 협력해야 할 필요가 있다. 이 같은 프레임워크를 통해 개발자들이 퓨처홈의 기기와 서비스에 접속해서 상호 운용성을 확장할 권한을 부여받았다고 느낄 수 있어야 한다. CSP가 이런 기대에 부응하지 못한다면 퓨처홈에서 사용자의 관심을 끌고 이를 지속적으로 유지할 만큼 충분한 창의력을 끌어내지 못할 것이다.

• 널리 퍼지고 스며드는 네트워크란 의미로 언제 어디서든 네트워크에 접속되는 개념을 뜻한다.

1. 데이터 칸막이는 학습과 적응, 예측 기능을 갖춘 시스템 구현을 가로막고, 이로 인해 양질의 사용자 경험 실현까지 저해해서 퓨처홈 생활을 전후 상황에 맞춰 온전히 이해하는 데 걸림돌이 된다.

2. 모든 생태계 참여자가 언제든 이용 가능한 공동 데이터 저장소 개설은 개인화되고 매력적인 홈서비스 구현을 위한 필수 요건이다.

3. 현재 퓨처홈 기기 간의 데이터 단절을 해소할 수 있는 중앙집중식 상호 운용성 플랫폼은 개별 기업이 아닌 업계 공동 기구의 책임 아래 놓여야 한다.

미리
보기

이 책에서 우리는 퓨처홈이 우리의 필요를 학습하고 이에 적응하며 이
필요를 사전에 예측하게 될 패러다임 전환의 미래 지형도를 살펴봤다.
퓨처홈은 더 이상 벽과 바닥, 지붕으로 정의되지 않을 것이다. 대신 어느
곳에서든 집에 있는 듯한 느낌을 선사하면서 다양한 기회와 경험의 새
장을 우리에게 약속할 것이다. 우리는 이 기회와 경험들 가운데 일부가
실제로 어떤 모습을 띨지 간단히 살펴봤고, 5G를 중심으로 이를 구현할
관련 신기술들을 소개했다. 이 엄청난 기회를 활용하기 위해 기업들이
받아들여야 할 새로운 구조에 대해 논하면서 CSP가 퓨처홈을 위한 기
기와 서비스를 뒷받침하는 플랫폼을 운영하기에 최적의 위치에 있다고
평가했다. 마지막 장에서는 지금까지의 논의 과정을 되짚어봄으로써 퓨
처홈 시장에 진입하는 기업들이 쉽게 참고할 수 있는 지침을 제공하고
자 한다. 우리는 이들 기업이 흥미 넘치고 수익성 높은 미래를 맞이하기
를 기대한다.

9장
퓨처홈으로
가는 길

The
Future Home
in the 5G Era

지금까지 살펴본 바와 같이 디지털 기반 5G 퓨처홈은 현재의 커넥티드홈에서 조금 더 발전된 차원을 넘어 훨씬 더 큰 진보를 의미한다. 5G 퓨처홈은 거주자에게 고품질의 일상 서비스를 제공하는 정교한 생태계에서 출발하며, 이를 통해 광범위한 하드웨어 제품과 플랫폼, 서비스에 막대한 새 비즈니스와 성장 기회를 제공한다.

　이 새로운 세계는 이미 구체화되고 있다. 현재 커넥티드홈은 지원하는 기기 수가 제한적인 데다 그 기기들마저도 대부분 상호 통신이 거의 이뤄지지 않고 있다. 하지만 퓨처홈은 수백 또는 수천 개의 기기와 앱, 서비스를 포괄하고 대부분이 탁월한 소비자 경험이라는 공통의 목표를 위해 데이터를 공유하고 협업할 것이다. 이처럼 끊김 없이 매끄럽게 이어지는 환경은 거주자가 집이라는 물리적 공간을 떠나더라도 거주자를 따라 움직이면서 거주자의 요구를 예측하고 어디서든 거주자의 일상이 매끄럽게 이뤄지도록 지원하게 될 것이다.

여기서 5G 무선 기술표준이 일련의 다른 신기술들의 뒷받침을 바탕으로 적극적으로 거주자를 챙기는 새로운 가정환경의 핵심 요소로 자리매김할 것이다. eSIM 방식의 초소형 기기는 데이터를 주고받을 수 있는 길을 열어줄 것이고, 엣지 컴퓨팅은 초저지연 데이터 처리를 가능하게 해줄 것이다. 의미론적 모델은 커넥티드 사물과 서비스들의 상호 작용을 가능하게 해서 웹 개발자가 실제 소비자 문제를 해결하는 일을 용이하게 해줄 것이다. 그리고 머신러닝과 AI, 고급 데이터 분석은 퓨처홈의 진일보한 선제적 '사고'와 행동을 가능하게 해줄 것이다.

하지만 이 모든 것의 중심에는 소비자의 필요가 자리해야 한다. 퓨처홈의 잠재적 거주자들이 지갑을 열어 상당한 돈을 지출하려면 퓨처홈이 여러 상황에 두루 통용되는 대량 생산 제품의 차원을 넘어 거주자의 삶을 분명히 향상시켜 준다는 느낌을 줘야 한다. 즉, 사용자 중심 사고가 퓨처홈 생태계에 참여하는 모든 기업에 적용되는 엄격한 지침이 돼야 한다. 퓨처홈 생태계 개념은 지속적으로 우수한 품질을 제공해서 소비자 신뢰가 시종일관 유지될 때 비로소 시장에 안착하게 될 것이다.

기술과 한 몸처럼
얽힌 생활

1장에서 우리는 한 독신 남성이 퓨처홈에서 보내는 일상 가운데 어느 하루를 들여다봄으로써 2030년경 이 같은 전망이 어떻게 실현될지 살펴봤다. 이 남자는 잠에서 깨어난 순간부터 아침 식사를 하고 출근해서 일하고 퇴근해서 여가를 보내는 시간 내내 창문과 커튼, 진공청소기, 자동 온도조절 장치, 커피메이커 같은 커넥티드 기술이 적용되거나 로봇화 또는 자동화된 수많은 일상 가정용품의 도움을 받는다.

우리는 이를 통해 기기들이 상호 협력해서 퓨처홈이 변화하는 상황에 스스로 적응해나가는 모습을 확인했다. 퓨처홈은 평소 이용하던 출근 수단을 이용할 수 없게 됐을 때 이를 대체할 이동 수단을 제안한 뒤, 이로 인해 발생한 추가적인 노력을 해결하기 위해 남자의 식단을 미세하게 조절했다. 그뿐만 아니라 집이 물리적 경계를 초월해서 회사에서 유연좌석제를 하는 상황까지 개인적이고 익숙하게 만들어준 데에 이어, 가상현실을 통해 지리적으로 멀리 떨어져 있는 어머니와 강렬한 심리적 유대를 형성하는 시간을 마련해주기도 했다.

초연결 생활 방식을 규정할
사회인구학적 메가 트렌드

이를 토대로 우리를 퓨처홈으로 이끌어갈 사회인구학적 요인들을 살펴보고, 초연결 생활 방식을 규정하는 메가 트렌드를 제시했다. 메가 트렌드에는 기술에 의해 일상생활이 이미 점점 더 개인화되고 연결되는 양상과 이런 기술에 둘러싸여 성장한 밀레니얼 세대와 Z 세대가 퓨처홈의 발전을 구체화하게 될 방식이 담겨 있다. 이 젊은 세대들이 가지고 있는 강한 기술 선호 경향은 퓨처홈이 'DIY'보다는 'DIFM'의 태도를 훨씬 더 지향하게 될 것임을 의미한다. 소비자들은 새 기기와 앱을 몇 초 안에 플러그 앤드 플레이 할 수 있는 손쉬운 기술 구성을 원할 것이다.

　이와 함께 완전히 다른 방향에서 불어 닥칠 또 다른 심대한 영향은 디지털 홈 헬스케어 같은 서비스에 대한 엄청난 수요를 만들어 낼 다수의 노령 인구에서 비롯될 것이다.

　같은 시각에서 우리는 '과시파', '안정파', '탐색가', '모험가' 성향의 조합을 통해 정의되는 핵심적인 소비자 사고방식을 찾아내고, '자녀가 있거나' '자녀가 없는' 경우로 나눠 추가적인 정의를 보탰다. 기업들은 이 사고방식을 면밀히 연구해서 퓨처홈 고객 개개인의 행동을 통해 고객을 더 깊이 이해할 수 있어야 한다. 기업들은 기술로 소비자를 이끌려 해서는 안 되며, 그보다는 개개인의 생활 방식에 맞는 기술 스택을 제공한 뒤 새로운 필요와 선호에 맞춰 끊임없이 적응할 채비를 갖춰야 한다.

각양각색의
적용 사례들

이 같은 분류를 바탕으로 실제 가정생활 사례를 살펴봄으로써 우리는 퓨처홈이 편리한 플러그 앤드 플레이 기술로 육아를 지능적으로 보조하고, 가족 구성원 각자를 개별적으로 파악한 뒤 이들의 요구에 대응하며, 가족 간 유대를 강화할 수 있음을 보여주었다.

이어 신체 기능이 저하된 고령자가 요양 시설에서 지내지 않고 자신의 집에 머무를 수 있음을 뜻하는 '에이징 인 플레이스'의 사례를 살펴봤다. 이 사례는 지능적이고 상호 운용 가능하며 상호 소통하는 다양한 기술의 도입을 통해 집 안에서 필요한 특별한 보살핌을 제공함으로써 평범한 집이 어떻게 퓨처홈으로 변신할 수 있는지를 보여주었다. 또한 고령자와 멀리 떨어져 살고 있는 다른 가족 구성원의 집에서 원격으로 모니터링해야 하므로 한 퓨처홈이 다른 퓨처홈과 자주 소통할 수 있어야 한다는 점도 보여주었다.

파편화:
퓨처홈 발전의 걸림돌

기업들이 우리가 묘사한 퓨처홈 시나리오를 설계할 수 있도록 하기 위해서 우리는 지금까지 퓨처홈 발전을 저해해온 요인이 무엇인지를 검토했다. 그 결과 문제의 핵심은 커넥티드홈을 구현하려는 시도들이 지금까지 파편화에 발목 잡혀 왔다는 것이다. 서로 다른 하드웨어와 소프트웨어 기술표준, 포인트 투 포인트 아키텍처와 프로토콜, 무선 기술표준이 뒤섞인 가운데 심각한 데이터 칸막이 상태가 지속돼왔다.

다시 말해 CSP와 기기 및 하드웨어 제조사, 플랫폼 및 앱 제공업체, 전통적인 서비스 기업 등 퓨처홈으로 가는 열쇠를 쥘 다양한 기업들이 지금까지 결정적 장애물을 극복하지 못한 주된 이유는 이들 기업이 강력한 생태계 플랫폼 내에서 필수적으로 요구되는 원만한 협력 관계를 구축하기보다는 서로 독립적으로 행동했기 때문이다.

비타협적 태도 때문이든 아니면 단지 변화와 협력의 필요성에 대한 인식이 부족했기 때문이든 이는 결국 집 안에서 데이터 단절이 만연한 결과를 낳았다. 이로 인해 기기와 서비스들이 지금까지 데이터를 자유롭게 주고받을 수 없게 되었고, 1장과 3장에서 소개한 시나리오에서 묘사한 매끄러운 사용자 경험과 초연결된 가정생활을 제공하지 못했다.

5G:
연결성의 게임 체인저

그렇다면 최신 세대 이동통신 기술인 5G는 어떤 변화를 불러오게
될까? 먼저 5G는 직전 세대 기술 대비 비약적으로 발전한 기술로 훨
씬 더 빠른 속도와 초저지연, 더 뛰어난 보안과 함께 결정적으로 언
제라도 10배 더 많은 기기를 제어할 수 있는 능력을 제공한다. 이는
1제곱킬로미터당 약 100만 대의 기기를 제어할 수 있는 능력으로 기
기 수가 많이 증가할 퓨처홈에서 가장 핵심적인 기능이다. 이 같은
장점들만으로도 이 혁신 기술이 제공할 비즈니스 기회가 얼마나 엄
청난지 알 수 있다.

5G는 와이파이를 비롯한 다른 프로토콜들과 달리 현재 휴대전
화가 이동통신망에 접속하듯 기기가 자동으로 네트워크에 접속할
수 있으므로 간편한 플러그 앤드 플레이를 원하는 소비자 요구를 충
족한다. 이를 통해 마침내 상호 운용성을 구현하고, 현재 커넥티드
홈에서 우후죽순 생겨나서 일관성이 결여된 기기와 데이터 및 네트
워크 기술표준이 뒤죽박죽 뒤섞인 상황을 해결함으로써 유료 과금
방식의 고품질 홈서비스를 무한히 제공할 수 있는 환경을 열어줄 것
이다.

강력한 보안과 개인정보 보호,
윤리를 통한 소비자 신뢰 구축의 필요성

하지만 급성장하는 퓨처홈 시장을 주시하고 있는 기업에게 시련은 이제 시작일 뿐이다. 퓨처홈이 처한 역설은 수많은 행위자 간에 데이터가 자유롭게 흘러야 하지만 동시에 데이터 보안과 개인정보 보호도 준수돼야 한다는 점이다. 이와 관련해서 퓨처홈의 AI는 사용자의 행동을 학습하면서도 정보를 부적절하게 사용하거나 사용자 이해에 반한 행동을 하지 않을 수 있어야 한다.

결국 퓨처홈 생태계 통합 관리자가 책임지는 영역 전체에서는 데이터가 자유롭게 흐르는 동시에 해당 영역 내에 견고하게 봉인돼서 인간 또는 기계에 의해 데이터가 오용되지 않도록 보장해야 한다. 그런 면에서 CSP는 커넥티드홈 환경에서 물샐틈없는 보안으로 고객과 오랜 시간 깊은 신뢰를 유지해왔다. 그러므로 퓨처홈 플랫폼을 진두지휘할 통합 관리자가 될 강력한 경쟁자라고 생각한다.

퓨처홈의 관리자이자 문지기:
다시 비상하는 CSP

위에서 언급한 오랜 시간 누려온 깊은 소비자 신뢰에 더해 두 가지 추가 요인 역시 CSP에게 퓨처홈 플랫폼의 통합 관리자로서 비교우위를 제공한다. 이는 원활한 고객 관계를 유지해온 경험과 미션 크리티컬 인프라 제공 능력이다. 이를 위해 필요한 비즈니스 환경과 가치 사슬의 변화는 CSP의 조직 구조와 문화 자체를 수직적에서 수평적으로, 직선적에서 애자일 형태로 바꾸는 근본적인 변혁이 될 것이다.

이 변혁은 CSP의 기술 플랫폼을 보강하고, 프런트 오피스와 백 오피스 모두 퓨처홈을 구현할 정교함을 갖춘 소프트웨어 도구를 구축하는 노력을 수반하게 될 것이다. 직원들은 이 새로운 세상에서 효과적으로 업무를 수행하기 위해 필요한 완전히 새로운 기술을 교육받아야 하고, 시시각각 변화할 퓨처홈 사용자들의 요구를 따라잡기 위해 신속한 제품 개발이 촉진돼야 한다. 그리고 이 모든 노력이 새로운 편재형 연결성 계층을 통해 전부 하나로 합쳐져야 할 것이다. 이 새로운 계층을 구동할 동력이 5G 말고 또 무엇이 있겠는가?

필수적인
비즈니스 모델 전환

이 같은 급격한 변화를 위해서는 현재 수행 중인 핵심 사업 분야는 디지털 기술로 효율화해서 계속 이윤을 유지하고, 기존의 비즈니스 모델에서 새로운 사업 분야로 옮겨가는 큰 전략의 전환이 필요하다.

이를 위해서는 먼저 디지털 기술의 도움을 받아 기존의 핵심 비즈니스 모델을 재조정해야 한다. 여기서 주된 목적은 비용 절감을 통한 투자 역량 확보다. 그러면 조직 전체가 퓨처홈과 관련해서 새롭게 부상하는 서비스 시장과 신사업 분야에 뛰어들 수 있게 된다.

둘째, 새로운 비즈니스 기회를 향한 도전은 신중하게 이행돼야 한다. 조직의 핵심은 작은 실수도 감당할 여력이 없다. 조직이 좌초하지 않으려면 지속적으로 성장해야 하는데, 보통 신규 비즈니스 모델이 확실한 경제적 성과를 내기까지는 당초 예상보다 더 오랜 시간이 걸리기 때문에 더욱더 그렇다.

셋째, 새로운 퓨처홈 시장에 진출하기 위해서는 '처음부터 제대로first time right'에서 '빨리 실패하고 배우기fail fast and learn' 쪽으로 패러다임 전환이 필요하다. 여기에는 다소간의 시행착오와 추가적인 반복 시험이 수반될 것이다. 퓨처홈 생태계처럼 장기간 실현이 지연돼온 구조에서 적절한 역할과 이윤 창출이 가능한 환경을 찾아내는 일은 하룻밤 사이에 이뤄질 수 없다. 하지만 특정한 접근법이 초기에 유익한 결과를 보여주면 이를 신속하게 확장해야 한다. 퓨처홈 서비스는 최종 사용자를 위한 서비스로 일부 서비스는 소비자들의 기호를 사로잡았다가 밀려나기를 주기적으로 반복할 수도 있다. 그러므로 소비자가 관심을 보이는 동안 이를 최대한 활용하는 것이 바람직하다. 원칙은 퓨처홈 시장의 적절한 진입 지점을 찾아낸 뒤 신속하게 규모를 확장하는 것이다.

이 과정에서 CSP가 예전처럼 단일 인프라 책임자에 머물지 않고, 퓨처홈 생태계의 중심에 선다면 플랫폼 운영을 통해 중추적 관리자 역할을 수행하기 시작할 것이다. 그러면 CSP는 협력사 생태계에 기반을 둔 혁신 패러다임과 함께 IT 및 기술 부서뿐 아니라 전통적인 판매, 서비스 및 마케팅 부서에서 직원들의 기술 및 역량 변화를 통해 물리적 네트워크에서 소프트웨어로 투자를 전환하게 될 것이다.

소비자 유인을 위한
협력사 유치

퓨처홈 플랫폼 통합 관리자들이 처한 상황은 앞서 기술한 바와 같고, 다른 이해당사자들, 즉 소비자 유인을 위해 없어서는 안 될 기기와 서비스를 제공할 생태계 참여자들은 어떤 접근법을 취해야 할까? 계속 언급했듯이 퓨처홈에 서비스를 제공할 기회는 엄청나게 크고 다양해서 에너지 관리와 건강, 오락, 전자상거래, 금융, 의료, 운동, 교육, 통신 등 분야와 부문을 망라한다. 이와 함께 엣지 컴퓨팅과 AI 등의 영역에서 더 많은 기술 전문가들이 필수적으로 요구될 것이다.

필요조건이 엄청나게 많은 것만 보더라도 CSP가 단순히 통신과 네트워크 서비스의 부가물로 자체 서비스를 만들어낸 뒤 이를 마케팅해온 과거의 모델을 고수할 수는 없을 것이라는 사실 역시 분명해 보인다. 이는 CSP가 플랫폼 체제로 전환해서 전문화된 기기 및 서비스 제공업체로 이뤄진 방대한 규모의 생태계를 통합 관리하는 것이 타당한 또 다른 이유다. 이 부분에서 선구자는 아마존의 알렉사 같은 음성인식 AI 비서 제공업체들이다.

결국 이 모든 것들을 관리하기 위해서는 플랫폼이 전화와 클라우드, 지불과 메시징 서비스 등을 포함한 많은 기기와 서비스들로 이뤄진 생태계 내의 모든 제어지점에서 데이터를 수집할 수 있도록 설계돼야 한다. 그리고 이 데이터 수집은 이 책에서 살펴본 놀랍도록 맞춤화되고 지능적인 사용자 경험을 창출하는 데 있어 필수적인 요건이다. 문제는 데이터 수집 역시 그 같은 경험이 지속적으로 뛰어난 수준을 유지할 경우에만 사용자들에게 정당화될 수 있다.

사용자와 생태계 참여자 모두를 위한 데이터 칸막이 허물기

필요로 하는 모든 생태계 참여자를 유인한 뒤 관리하는 것만도 상당한 도전이 될 전망이다. 도전의 핵심은 참여자들이 자유롭게 정보를 주고받을 수 있는 기기와 서비스를 만들지 못하게 가로막아온 데이터 칸막이를 허무는 것이다. 자유로운 정보 공유를 실현하지 못할 경우 생태계 전체가 학습하고 적응하고 예측할 수 없게 돼 퓨처홈의 실현은 불가능할 수밖에 없다.

정보의 자유로운 흐름이 개별 퓨처홈 내에서만 필요한 것이 아니라 퓨처홈과 퓨처홈 간 또는 두 개 이상의 퓨처홈 사이에서도 필요하다는 점 역시 유념해야 한다. 또한 퓨처홈은 거주자가 접속하기를 원하는 집 밖의 많은 서비스와도 정보를 주고받아야 한다. 거주자가 어디서든 내 집 같은 편안함을 느끼기를 원한다면 더더욱 그렇다.

해결책은 관련된 모든 조직이 활용 가능한 공동 데이터 저장소 설립이다. 참여자가 데이터 공유를 주저하는 문제를 극복하기 위한 방안으로, 업계 공동 기구가 운용하는 중립적인 중앙집중식 상호 운용성 플랫폼의 창설을 제안한다.

기로에 선
CSP

퓨처홈은 좀처럼 잡기 힘든 기회다. 퓨처홈으로의 전환은 분명 엄청난 과제지만, 단순한 플랫폼 관리자로 전락하고 싶지 않다면 분명히 알아둬야 할 사실이 있다. 바로 앞장서 이끌지 않는다면 끌려다닐 수밖에 없다는 것이다. 이 같은 패러다임 전환은 CSP가 참여하든 참여하지 않든 필연적으로 일어날 것이다. 그러므로 CSP의 수직적 통합 모델이 겉보기에는 공고해 보일지라도 여기에 안주할 수는 없다.

물론 그렇다고 퓨처홈이 피할 수 없는 산은 아니다. 하지만 놓치기에는 너무나 아까운 기회인 것은 틀림없다. 5G처럼 끊김 없이 매끄럽게 이어지는 기술을 제공하고, 상호 운용성을 가로막아온 걸림돌을 제거해 소비자가 신뢰할 수 있는 동반자가 된다면, CSP는 퓨처홈 생태계의 모든 참여자를 위해 성장과 혁신의 잠재력을 실현할 수 있을 것이다. 액센츄어의 자회사 액센츄어 스트래티지^{Accenture} Strategy가 신뢰와 재무성과의 상관관계에 대해 연구한 결과, 통신업 계에서 기업 신뢰도가 1.0퍼센트 실질 증가할 경우 매출은 0.3퍼센 트, EBITDA(세전·이자지급전이익)는 1.0퍼센트 증가하는 것으로 나타 났다.[1]

　이 같은 신뢰를 기반으로 CSP는 고객들의 5G 기반 디지털 혁신 의 여정에서 안내자이자 상담자, 협력자로서 역할을 할 수 있다. 캐 리어급^{carrier-grade}(높은 장애 감지율과 빠른 복구 시간, 낮은 하드웨어 소프트 웨어 장애율 등을 갖춘 높은 신뢰도의 시스템 또는 솔루션 – 옮긴이)에 별다른 조치 없이 즉시 사용이 가능한 솔루션과 부가 서비스를 공동 개발해 냄으로써 CSP는 고객 관계에서 더욱 큰 신뢰를 만들어낼 수 있다.

　낡은 비즈니스 모델에서 새로운 퓨처홈 플랫폼 관리자의 위치 로 변신할 용기와 비전을 가진 CSP는 관련 서비스들을 통해 실로 막 대한 수익을 창출할 기회를 늘려갈 수 있을 것이다. 네트워크 효과 덕에 CSP는 앱과 서비스 개발에 관여하지 않고도 수익을 얻게 될 것 이다. 그뿐만 아니라 우리 시대에 가장 값진 자산인 '데이터'를 셀 수 없을 만큼 많이 손에 넣고 다루는 관리자가 될 것이다.

한눈에 다시 보는 핵심 재정리

2장. 초연결 시대의 소비자 욕구

❶ 초연결 생활 방식의 출현, 젊은 세대의 높은 기술 적응력, 에이징 인 플레이스, DIFM, 따로 또 같이와 같은 메가 트렌드가 퓨처홈 시장의 다양한 양상을 규정하게 될 것이다.

❷ 각양각색으로 다른 퓨처홈 사용자들의 구체적인 사고방식은 '과시파', '안정파', '모험가', '탐색가' 유형의 각기 다른 조합을 통해 정확하게 정의할 수 있다.

❸ 퓨처홈 시장에 제품과 서비스를 제공하는 기업들은 사회인구학적 유형을 기술적 해결책의 출발점으로 삼아야 하며, 그 반대로 접근해서는 안 된다.

3장. 적용 사례에서 비즈니스 사례까지

❶ 현대인의 생활은 너무 바쁘기 때문에 사람들은 일상의 따분한 일들을 자동화하고, 당면 문제를 해결하며, 미래의 위험을 예측하고 싶어 한다. 이 같은 요구에 효과적으로 부응하기 위해서는 홈 테크놀로지가 거주자의 진정한 필요를 반영한 맞춤형 서비스를 제공해야 한다.

❷ 편리하고 간편한 플러그 앤드 플레이 기능이 최적의 사용자 경험을 만들어낸다.

❸ 기술을 제대로 활용하면, 기술이 집에 있는 사람들을 '따로 또 같이' 상태로 몰아가는 대신 가족 간의 유대를 강화하는 역할을 할 수 있다.

❹ '퓨처홈에서 노후 보내기' 등의 적용 사례를 통해 퓨처홈은 사회 전반적인 스트레스를 줄이는 데도 기여할 수 있다.

4장. 5G 퓨처홈으로의 전환

❶ 현재 커넥티드홈은 일관성 없는 기기와 프로토콜, 무선 기술표준들이 우후죽순처럼 난립하는 상황으로 5G 기술을 통해 이 모두를 하나로 통합할 수 있다.

❷ 5G와 5G의 세분화된 주파수 대역은 속도와 저지연, 연결된 기기 수의 유연한 균형을 끌어냄으로써 퓨처홈에서 새로운 애플리케이션을 만들어내서 작동시키기에 가장 적합한 기술이다.

❸ 하지만 5G의 사용자 경험을 최대한 구현하기 위해서는 eSIM과 엣지 컴퓨팅, AI 같은 보완 기술들이 필요하다.

5장. 개인정보 보호와 보안: 5G 퓨처홈이 넘어야 할 두 개의 산

❶ 현재 기술 수준으로는 누군가가 나쁜 의도로 커넥티드홈에 접근하려고 시도할 경우 성공할 가능성이 높다.

❷ 퓨처홈 관련 업계와 사용자들은 사용자가 직접적인 통제권을 가진 상태에서 개인정보 저장 및 관리의 보안을 확보할 수 있는 기술표준에 대해 명확한 입장을 취해야 한다.

❸ CSP는 현재 고객으로부터 확보한 신뢰와 함께 지금까지 지켜온 매우 높은 수준의 개인정보 및 데이터 보안 기록을 기반으로 유리한 위치를 점하고 있다.

6장. 퓨처홈 생태계 건설자의 부상

❶ CSP 기업은 높은 소비자 신뢰와 긴밀한 고객 관계, 연결성 인프라의 문지기 역할을 결합함으로써 퓨처홈을 향한 경쟁의 출발선부터 우위를 점하고 있다.

❷ 하지만 CSP 부문은 접근방식을 보강하고, 프런트 오피스와 백 오피스를 디지털화하고, 새로운 서비스 세계를 위한 인재를 육성하고, 더욱 신속한 제품 개발 주

기를 도입할 필요가 있다.

❸ 다양한 유형의 협력자들과 관련된 생태계를 수용할 수 있는 애자일 플랫폼 비즈니스를 구축하는 일이 CSP 기업에 무엇보다 중요하다.

7장. 새롭게 떠오르는 퓨처홈 비즈니스 모델

❶ 다면 플랫폼은 아마존이 성공을 거둔 핵심 비결로 지금까지 수직적 통합 구조와 부서 간 칸막이 문화를 고수해온 CSP는 이 같은 플랫폼의 장점을 받아들일 필요가 있다.

❷ 인프라를 통제하고 관리하는 대신 개방적인 태도로 데이터를 통제하고 관리함으로써 CSP는 스스로는 물론 신뢰성 있는 협력사들에 더 많은 추가적 가치를 창출할 진일보한 퓨처홈 데이터 관리 서비스를 만들 수 있게 될 것이다.

❸ 여전히 폐쇄형 네트워크 서비스에 머물러 있는 CSP라면 착각해서는 안 된다. 어떤 형태가 됐든 변화는 불가피하며, 이를 통해 연관성과 확장성, 경험과 신뢰를 기반으로 한 개방형 생태계의 관리자가 돼야 한다.

8장. 퓨처홈 생태계를 위한 유인책 마련

❶ 데이터 칸막이는 학습과 적응, 예측 기능을 갖춘 시스템 구현을 가로막고, 이로 인해 양질의 사용자 경험 실현까지 저해해서 퓨처홈 생활을 전후 상황에 맞춰 온전히 이해하는 데 걸림돌이 된다.

❷ 모든 생태계 참여자가 언제든 이용 가능한 공동 데이터 저장소 개설은 개인화되고 매력적인 홈서비스 구현을 위한 필수 요건이다.

❸ 현재 퓨처홈 기기 간의 데이터 단절을 해소할 수 있는 중앙집중식 상호 운용성 플랫폼은 개별 기업이 아닌 업계 공동 기구의 책임 아래 놓여야 한다.

용어 해설

4G LTE 기술표준4G LTE standard

2G와 3G 등의 앞선 기술표준에 이어 현재 이동통신에서 사용되는 무선 기술표준이다. LTELong-Term Evolution는 '4세대 롱텀 에볼루션'을 의미한다. 2009년 스칸디나비아 국가에 최초로 도입된 기술로 이전 세대 대비 데이터 전송 속도가 5~7배 빨라졌다. 그럼에도 불구하고 4G의 다운로드 속도는 퓨처홈 사용자들이 요구하는 고품질 서비스 경험의 기반이 되기에는 느린 것으로 평가된다.

5G 무선 기술표준5G wirelss standard

국제적으로 합의된 최신 이동통신 무선 기술표준을 가리키는 5G는 '5세대'라는 뜻으로 25여 년 전, 전 세계적 모바일 기술표준 GSM이 제정된 이래 다섯 번째 기술 개선을 의미한다. 5G는 일부 국가에서 이미 상용화된 상태로 2020년 중에 모든 주요 선진국에 도입될 전망이다. 5G는 이전 기술표준 대비 확실한 장점을 가지고 있다. 직전 세대 기술인 4G LTE보다 속도가 최대 10배 빨라서 지연시간을 밀리초 수준으로 줄여준다. 5G의 데이터 처리 능력 역시 크게 높아져서 사물들을 네트워크에 직접 연결해서 관리할 수 있는 최초의 기술표준이다. 이런 특성으로 인해 5G는 퓨처홈에 사용될 애플리케이션들을 위한 이상적인 기술표준으로 평가받는다.

CSPCommunication Service Provider

'통신 서비스 사업자'를 뜻하는 업계 약어로 CSP는 전통적인 유선전화 및 이동전화 서비스 사업자와 케이블 및 위성 네트워크 업체 및 관리형 서비스 사업자로 이뤄진 일련의 기업들이다. 이 책은 CSP를 새롭게 떠오르는 퓨처홈 생태계 내에서 문지기와 통합 관리자 역할을 수행할 이상적인 경쟁자로 평가한다.

DIFM Do It For Me

'나 대신해줘'라는 뜻으로 DIY와 대비되는 사고방식이다. 추가적인 환경 설정이나 복잡한 배선 설치 없이 '포장을 뜯자마자 바로 작동'하는 맞춤형 홈 테크 솔루션을 요구하는 소비자를 지칭한다. DIFM 사고방식은 주로 디지털 시대에 태어난 젊은 세대와 관련 있다. 이 연령 집단은 사용자의 머릿속을 어지럽히는 요소가 거의 없는 자동 실행 기술에 익숙하다. 퓨처홈 시장에서는 기술 공급업체들이 이 같은 사고방식을 받아들이고 이에 맞춰 제품과 서비스, 고객과의 상호 작용을 설계해야 성공을 거둘 수 있다.

DIY Do It Yourself

'내가 직접 하기'라는 의미로 이 책에서는 거주자가 세세하고 불편한 설치 과정을 직접 해결해야 하는 상대적으로 불완전한 형태의 현재 디지털 홈을 지칭한다.

eSIM embedded SIM

스마트폰 같은 모바일 기기나 자동 온도조절 장치, 전등, 스마트 블라인드 같은 홈 테크 제품에 탈착이 아닌 제품 안에 아예 내장되어 있는 SIM카드다. 5G 같은 무선 네트워크에 접속하기 위해서는 SIM을 갖춰야 한다. eSIM은 프로그래밍이 가능하다는 장점이 있을 뿐 아니라 SIM카드를 새로 발급받지 않아도 기기 연결을 원하는 모든 네트워크에 맞춰 변경할 수 있다. 때문에 홈 디바이스 제조업체들은 특정 네트워크를 위한 기기를 만들어야 하는 제약에서 해방될 수 있다. eSIM을 재프로그래밍하면 모든 게 해결되기 때문이다. 사용자 관점에서는 이용 가능한 네트워크 중에 가장 저렴한 업체를 골라서 이에 맞춰 기기를 프로그래밍하면 된다.

URI Uniform Resource Identifier

통합 자원 식별자로 인터넷상에서 이름이나 자원을 식별해주는 문자 집합이다. 이 식별자는 예를 들어 어떤 컴퓨터가 어떤 자원을 보유하고 있는지, 그리고 이 자원들에 어떻게 접속할 수 있는지를 알려준다.

Z세대 generation Z

1995년부터 2015년 사이에 태어난 Z세대는 가장 나이가 어리면서도 최신 기술에 가장 능통한 소비자 집단이다. 인터넷은 물론 유비쿼터스 접속을 경험하며 자라서 이 모든 환경을 당연한 것으로 여긴다. 이는 떠오르는 퓨처홈 시장의 점유를 원하는 사람이라면 누구나 갖춰야 할 사고방식이다. Z세대는 기술 기반 서비스 제공업체들이 사용자 입력이 거의 필요 없는, 취급이 간편한 플러그 앤드 플레이 방식의 기기를 제공해주기를 기대한다.

고급 분석advanced analytics

사용 데이터나 데이터 세트에 숨겨진 패턴을 찾아내서 행동과 추세를 예측할 수 있을 만큼 정교하게 작동하는 일련의 데이터 분석 도구다. 고급 분석 도구를 이용해서 데이터를 수집하고 사용 가능하도록 정리하는 능력이 이 기법이 성공하기 위한 필수적인 요소다. 고급 분석은 사실 다양한 역량들의 모음으로 머싱러닝과 의미 분석, 패턴 매칭과 여러 통계 및 시뮬레이션 기법을 포함한다.

다면 플랫폼 효과multi-sided platform effects

디지털 플랫폼은 특정 시장에 영리하게 자리 잡으면 모든 이들에게 유익한 경제 효과를 만들어낼 수 있다. 한편으로는 플랫폼 관리자가 플랫폼을 통해 취득한 데이터 통찰로부터 이익을 얻고, 다른 측면에서는 최종 사용들이 플랫폼이 제공하는 서비스의 데이터 기반 개선과 정확성, 개인화를 만끽한다. 모든 부문이 누리는 이 같은 공동 이익은 플랫폼 비즈니스가 전통적 비즈니스보다 월등히 빠른 속도로 성장할 수 있는 비결이 된다. 이 효과에 관한 연구의 좋은 사례가 아마존의 온라인 쇼핑이나 우버의 운송 플랫폼이다.

따로 또 같이alone together

디지털 시대에 목격할 수 있는, 친구들이나 가족 구성원에게 영향을 미치는 하나의 현상으로 개개인이 육체적으로는 함께 있는 상황에서도 디지털 기기에 과도하게 몰입한 나머지 대화를 나누거나 함께 걷는 등의 인간 상호 작용 결핍으로 외로움을 낳는 상황을 말한다. 모든 퓨처홈 환경은 이 같은 결점을 감안해서 '따로 또 같이' 있는 상황이 발생했을 때 퓨처홈 시스템이 사람들의 디지털 활동을 차단할 수 있어야 한다.

라스트 마일last mile

기존의 통신 인프라 중에 집을 거리에 매설된 광역 네트워크로 연결해주는 구리선이나 광섬유 케이블을 지칭하는 용어다. 이 짧은 배선이 첨단 서비스들을 개별 가정에 제공하는 데 결정적인 역할을 한다. 광대역 인터넷이 처음 등장했을 때부터 '라스트 마일'은 속도와 데이터 처리 능력의 향상을 가로막는 병목 현상을 일으켜왔는데, 5G 고속 무선 네트워크가 이 같은 유선을 완전히 대체함으로써 첨단 퓨처홈 서비스를 위한 엄청난 기회가 열릴 전망이다.

무선 주파수 대역wireless spectrum

규제기관에 의해 상업적 사용이 허용된 전자파의 규정 범위로 무선 주파수 대역은 서로 다른 밴드로 나뉘고, 밴드는 서로 다른 네트워크들에 의해 사용되는 주파수대로 다시 나뉜다.

밀레니얼 세대millennials

밀레니얼 세대는 Z세대보다 앞선 연령 집단으로 '디지털 네이티브'를 이루는 또 다른 하위집단이자 기술에 능통해서 퓨처홈 시장을 겨냥한 모든 기업이 주시하는 핵심 소비자 집단이다. 통계학상 동일연령 집단인 밀레니얼 세대는 대략 1980년부터 1995년 사이에 태어난 사람들로 대량 소비자 시장용 인터넷의 탄생과 빠른 확산을 몸소 겪으며 성장했다. 그래서 밀레니얼 세대는 Z세대가 기대하는 초연결 생활 방식까지는 아니더라도 커넥티드 생활 방식을 쉽게 받아들일 자세를 갖추고 있다.

백 오피스back office

CSP 환경에서 이 용어는 네트워크 운영과 최종 고객에게 제공되는 서비스 지원 같은 핵심 기능을 의미한다. 전통적인 통신 사업자 환경에서 백 오피스는 매우 견고한 칸막이로 고립된 부서로 유지돼왔다. 이 분야에서 전형적으로 등장하고 있는 편재형 네트워크라는 새로운 운영 모델 내에서 CSP의 백 오피스는 애자일 원칙을 채택해서 최종 고객의 요구와 소비자 시장에서 순간순간 변화하는 서비스 트렌드에 즉각적으로 대응해야 한다.

블루투스bluetooth

근거리 네트워크 연결을 위한 단파 무선 통신 기술표준으로 블루투스 개발자들의 주된 목표는 랩톱이나 헤드셋 같은 가전기기 간의 연결에서 케이블을 대체하는 것이다. 하지만 커넥티드홈과 퓨처홈 환경에서 짧은 데이터 통신 거리로 인해 홈 테크 기기들을 연결하는 네트워크 기술로는 약점을 가지고 있다.

사물 인터넷Internet of Things, IoT

만물 인터넷으로도 불리는 이 용어는 네트워크를 통해 데이터를 주고받을 수 있는 사물의 수가 급격하게 늘어나는, 갈수록 진화하는 인터넷 연결 세상을 나타내는 단어다. 언젠가는 세상의 거의 모든 하드웨어 제품이 네트워크에 연결될 것으로 예상된다. 사물 간 광범위한 데이터 연결이 첨단 서비스의 토대를 형성하고, 뒤이어 하드웨어 제품들이 이 첨단 서비스를 사용자들에게 제공할 수 있다.

사용자 경험user experience

강렬한 사용자 경험은 퓨처홈 시장 발전의 성패를 좌우할 척도다. 이 경험들이 쌓여 거주자가 일상생활을 하는 내내 집이 거주자의 위치와 무관하게 거주자의 필요를 예측하고 이에 대응할 수 있는 친구나 개인 비서라는 느낌을 주는 홈 테크놀로지를 만들어내야 한다. 5G 기술이 고도로 진보된 사용자 경험 수준을 달성하는 데 핵심적인 역할을 하게 될 것이다.

생태계ecosystem
이 책에서 생태계는 CSP부터 기기 제조업체, 앱 개발자까지 다양한 분야의 기업들이 특정한 퓨처홈 서비스를 제공할 목적으로 모여 맞춤형으로 형성한 연합체와 협력 관계를 말한다. 이 같은 네트워크의 개별 참여자는 각자의 기여가 한데 모여 발생하는 강화 효과에서 혜택을 얻는데, 이를 통해 생태계 참여자들은 새로운 수익 사업 분야를 발굴하고 소비자들은 한 번도 경험해본 적 없는 서비스 수준을 누리게 된다.

수직적 비즈니스 모델vertical business model
하드웨어 제품이나 서비스의 생산과 유통 과정의 방대한 영역을 전부 관장하겠다는 야심 찬 비즈니스 모델로 CSP가 수직적 모델을 채택했다는 것은 스스로를 단순히 집에 네트워크 인프라를 제공하면서 핵심 제품에 몇 가지 추가 서비스를 덧붙여 파는 업체로 여긴다는 의미다. 퓨처홈 시장에서 핵심적인 역할을 하기 위해서는 CSP는 수직적 모델을 포기하고 위계성이 덜한 다면 플랫폼 모델을 구축해서 집 안에서 신뢰성 있는 플랫폼 통합 관리자이자 데이터 관리인, 서비스 수호자의 역할을 수행해야 한다.

어디든 내 집 같은at home anywhere
1세대 커넥티드홈이 초보적인 디지털 홈 기술을 일부 포함하는 물리적 공간에 불과했다면, 퓨처홈 구상은 집의 개념을 '어디든 내 집 같은'까지 확장한다. 이 같은 시나리오에서 집은 초연결된 생활 방식을 위한 지원 허브의 역할을 하면서 인공지능과 고급 데이터 분석 등의 기술에 힘입어 제공하는 서비스를 호텔과 회의실, 휴가지, 공유 오피스와 낡은 주거지역 등 멀리 떨어진 장소로까지 확장한다.

에이징 인 플레이스ageing in place
건강과 홈 케어 관련 애플리케이션은 퓨처홈을 둘러싸고 새롭게 등장할 일련의 서비스에서 큰 비중을 차지할 전망이다. 자기 집에서 노후를 보내는 '에이징 인 플레이스' 개념은 노인들이 자신이 거주해온 집에서 지금까지보다 훨씬 더 오래 독립적인 생활을 영위하는 미래를 예견한다. 지능형 디지털 기술이 이를 보편적이고 감당 가능한 현실로 만드는 데 큰 역할을 할 수 있다. 센서와 카메라를 장착한 다양한 기기가 노인들의 건강을 원거리에서도 관리할 수 있게 해줌으로써 고령자에게 노년 말기까지 양질의 생활 수준을 선사할 수 있다.

엣지 컴퓨팅edge computing
서버 같은 처리장치를 네트워크의 '말단'에 배치함으로써 데이터 처리 역량을 분산시키는 새로운 접근법으로 원거리 데이터 저장소에 있는 중앙 클라우드 서버까지 데이터의 장거리 전송을 피할 수 있다. 엣지 컴퓨팅은 퓨처홈 환경에 주요한 이점인 빠른 속도를 제공한다. 홈 테크 기기는 보통 자체적인 엣지 컴퓨팅 장치를 내장해서 가까운 거리에서 빠른 속도로 정보를 주고받음으로써 사실상 지연시간이 전혀 없이 즉각적으로 서비스를 제공할 수 있게 되는데, 이는 그렇지 않아도 저지연의 강점이 있는 5G 네트워크의 단점을 이상적으로 보완하는 개념이다.

음성 제어 기기 voice-controlled devices

첨단 음성인식 소프트웨어를 통해 언어를 의미론적으로 인지 및 이해하고 인간의 음성 질문에 응답하는 하드웨어 제품이다. 다양한 스마트 스피커가 이미 첨단 음성 인식 기술을 도입한 상태로 퓨처홈 서비스 환경에서도 사용자 인터페이스로 사용될 가능성이 높은 기술이다.

인공지능 Artificial Intelligence, AI

첫 등장은 1950년대로 거슬러 올라가지만 데이터 수집과 처리 능력이 충분히 강력하고 비용 면에서도 감당할 수 있는 수준까지 떨어지면서 최근 비로소 인기를 얻고 있는 소프트웨어 개념이다. AI는 대규모 데이터 세트를 이용해서 학습하고 인식하고 기억하고 판단을 내릴 수 있는 알고리즘을 망라한다. 이 같은 학습 과정의 주요 입력 자료는 시스템이 결론을 도출한 뒤 행동할 수 있는 토대가 되는 방대한 양의 적합한 데이터들이다. 퓨처홈처럼 AI가 인간과 매우 가까운 곳에서 작동하는 경우 인간이 언제라도 그 결정을 중단시킬 수 있어야 한다.

초개인화 hyper-personalization

맞춤형 제품 및 서비스로 개별 고객의 고유한 요구에 부응하는 것은 제품과 서비스 제공업체들에게는 늘 매력적인 차별화 지점으로 간주돼왔다. 그러나 소비자 생활의 전면적인 디지털 변혁을 통해 비로소 대량 개인화된 서비스와 제품의 가능성이 설득력 있는 현실이 됐다. 사용자들이 자신의 사용 데이터를 서비스나 제품 설계자 또는 서드파티 업체와 공유를 허용하면 이러한 초개인화 시대가 열릴 수 있다. 제품 제조사들은 이제 소비자들이 기기를 사용하는 방식을 실시간으로 파악하고, 이를 바탕으로 어떤 맞춤형 서비스를 제공할 수 있을지 그리고 개별 고객의 필요를 충족하기 위해 제품을 어떻게 재설계해야 할지 판단할 수 있다.

초연결 생활 방식 hyper-connected lifestyle

우리 시대는 매일 수 페타바이트(데이터 양을 나타내는 단위)의 데이터와 정보가 전 세계를 오가고 있어 '초연결'이라는 칭호를 받을 만하다. 불과 얼마 전만 해도 사람들은 팩스를 보내고, 유선전화로 통화를 하거나 이메일이나 우편으로 편지를 보냈다.

이 기초적인 수준에 비하면 유무선 네트워크에서 작동하는 인터넷 기반의 유비쿼터스 통신 하드웨어와 소프트웨어를 갖춘 오늘날의 세계는 엄청난 진보로 여겨진다.

커넥티드홈 기술 스택connected home tech stacks

현재 커넥티드홈은 데이터 공유가 거의 이뤄지지 않는 요소들로 이뤄진 기술 스택으로 구성돼 있다. 이는 기기 형태와 데이터 형식, 프로토콜이 표준화되어 있지 않기 때문이다. 홈 테크 기기는 보통 단일 서비스 목적에만 부합하도록 설계돼서 다른 기기들의 관여가 전혀 이뤄지지 않는다. 지능형 온도조절 장치나 스마트 초인종, 조명 시스템 같은 기기들은 현재 집 안의 다른 어떤 기술과도 접점이 없이 고립된 배타적 솔루션으로 동작하고 있다. 퓨처홈에서 진정으로 사용자의 필요를 지능적으로 예측하고 이를 충족하기 위해서는 기기들이 데이터를 공유하면서 협력해야 한다.

편재형 네트워크pervasive network

CSP가 운영할 새로운 형태의 데이터 네트워크 아키텍처로 사용자 경험을 통해 야단스럽지 않으면서도 늘 활용 가능한 연결성을 제공한다. 편재형 컴퓨팅은 편재형 네트워크의 근간을 형성하는데, 이는 기존의 네트워크 기술을 무선 컴퓨팅, 음성인식, 인터넷 정보 역량, AI와 결합한 개념이다. 5G와 소프트웨어 정의 네트워크Software-Defined Networking, SDN, 네트워크 기능 가상화Network Function Virtualization, NFV, AI, 로봇 프로세스 자동화Robotic Process Automation, RPA, 블록체인 등의 첨단 기술이 편재형 네트워크의 핵심 신기술 요소로 부상하고 있는데, 이 요소들은 예측할 수 없는 새로운 방식으로 결합할 가능성이 있다. 탁월한 소비자 경험을 위해서는 편재형 네트워크가 퓨처홈 시장에 부응할 수 있는 이상적인 기반이 될 수 있다.

퓨처홈 기술 스택future home tech stacks

퓨처홈 내에서 소비자 경험의 극대화를 끌어내는 첨단 기술 집합을 지칭한다. 5G와 eSIM, 엣지 컴퓨팅, AI 등의 보완 기술이 한데 조합돼서 퓨처홈 내에서 최고의 사용자 경험과 삶의 질 향상을 제공할 수 있다.

프런트 오피스front office

전통적으로 CSP 조직 내에서 최종 고객을 다루는 부서를 지칭한다. 백 오피스와 마찬가지로 퓨처홈의 프런트 오피스는 백 오피스와의 데이터 공유를 포함해 편재형 네트워크를 통한 지속적인 데이터 교환으로 순간순간 변하는 고객 요구와 시장 추세를 훨씬 더 적극적으로 수용해야 한다.

주

2장. 초연결 시대의 소비자 욕구

1 IDC (2019) The growth in connected IoT devices is expected to generate 79.4ZB of data in 2025, According to a New IDC forecast [online] https://www.idc.com/getdoc.jsp?containerId=prUS45213219 (archived at https://perma.cc/RNG6-HVJV)

2 Kosciulek, A, Varricchio, T and Stickles, N (2019) Millennials are willing to spend $5000 or more on vacation, making them the age group that spends the most on travel — but Gen Z isn't far behind, *Business Insider* [online] https://www.businessinsider.com/millennials-spend-5000-on-vacation-age-group-spends-the-most-on-travel-but-gen-z-isnt-far-behind-2019-4 (archived at https://perma.cc/ERW6-GJ4M)

3 Searing, L (2019) The big number: Millennials to overtake Boomers in 2019 as the largest US population group, *Washington Post* [online] https://www.washingtonpost.com/national/health-science/the-big-number-millennials-to-overtake-boomers-in-2019-as-largest-us-population-group/2019/01/25/a566e636-1f4f-11e9-8e21-59a09ff1e2a1_story.html?utm_term=.2a3e1457f5e4 (archived at https://perma.cc/576G-9RJZ)

4 Tilford, C (2018) The millennial moment – in charts, *Financial Times* [online] https://www.ft.com/content/f81ac17a-68ae-11e8-b6eb-4acfcfb08c11 (archived at https://perma.cc/3QX2-YDQE)

5 United Nations (2018) The world's cities in 2018 [online] https://www.un.org/en/events/citiesday/assets/pdf/the_worlds_cities_in_2018_data_booklet.pdf (archived at https://perma.cc/Y7BJ-2N6W)

6 Ibid

7 Fry, R (2018) Millennials are the largest generation in the U.S. labor force, *Pew Research Center* [online] https://www.pewresearch.org/fact-tank/2018/04/11/millennials-largest-generation-us-labor-force/ (archived at https://perma.cc/7JZD-JYP5)

8 Tilford, C (2018) The millennial moment: in charts, *Financial Times* [online] https://www.ft.com/content/f81ac17a-68ae-11e8-b6eb-4acfcfb08c11 (archived at https://perma.cc/3QX2-YDQE)

9 Ibid

10 Fuscaldo, D (2018) Home buying goes high-tech as millennials become largest real estate buyers, *Forbes* [online] https://www.forbes.com/sites/donnafuscaldo/2018/09/26/home-buying-goes-high-tech-as-millennials-become-largest-real-estate-buyers/#11a90e3b7774 (archived at https://perma.cc/BU27-2HWN)

11 Accenture (nd) The race to the smart home: Why Communications Service Providers must defend and grow this critical market [online] https://www.accenture.com/_acnmedia/pdf-50/accenture-race-to-the-smart-home.pdf (archived at https://perma.cc/KKZ6-W7M5)

12 Ibid

13 Accenture (nd) The race to the smart home [online] https://www.accenture.com/t20180529T062408Z__w__/us-en/_acnmedia/PDF-50/Accenture-Race-To-The-Smart-Home.pdf (archived at https://perma.cc/9WGH-UUHW)

14 Accenture (2019) Millennial and Gen Z consumers paving the way for non-traditional care models, Accenture study finds [online] https://newsroom.accenture.com/news/millennial-and-gen-z-consumers-paving-the-way-for-non-traditional-care-models-accenture-study-finds.htm (archived at https://perma.cc/DA67-EZGY)

15 Ibid

16 The Council of Economic Advisers (2014) 15 economic facts about Millennials [online] https://obamawhitehouse.archives.gov/sites/default/files/docs/millennials_report.pdf (archived at https://perma.cc/D5TK-PMAM) page 9, figure 4

17 Donnelly, C and Scaff, R (nd) Who are the millennial shoppers? And what do they really want? *Accenture* [online] https://www.accenture.com/us-en/insight-outlook-who-are-millennial-shoppers-what-do-they-really-want-retail (archived at https://perma.cc/C4X6-QKX3)

18 United Nations (2019) World population prospects 2019 [online] https://

population.un.org/wpp2019/DataQuery/ (archived at https://perma.cc/3RX7-B22G)

19 AARP (2018) Stats and facts from the 2018 AARP Home and Community Preferences Survey [online] https://www.aarp.org/livable-communities/about/info-2018/2018-aarp-home-and-community-preferences-survey.html (archived at https://perma.cc/97WA-5FRM)

20 Accenture, based on United Nations World Population Prospects 2019 [online] https://population.un.org/wpp/ (archived at https://perma.cc/95VL-U6LW)

21 University of British Columbia (2017) Using money to buy time linked to increased happiness, *Eureka Alert* [online] https://www.eurekalert.org/pub_releases/2017-07/uobc-umt072017.php (archived at https://perma.cc/QX66-938C)

22 Accenture (nd) Putting the human first in the Future Home [online] https://www.accenture.com/_acnmedia/pdf-98/accenture-putting-human-first-future-home.pdf (archived at https://perma.cc/7ZJD-Q677)

23 Ibid; https://in.accenture.com/thedock/futurehome/ (archived at https://perma.cc/5VBH-KVGQ)

24 Ibid

25 Ibid

4장. 5G 퓨처홈으로의 전환

1 Accenture (nd) The race to the smart home: Why communications service providers must defend and grow this critical market [online] https://www.accenture.com/_acnmedia/PDF-50/Accenture-Race-To-The-Smart-Home.pdf#zoom=50 (archived at https://perma.cc/NLD2-YGSD)

2 Oreskovic, A (2014) Google to acquire Nest for $3.2 billion in cash, *Reuters* [online] https://www.reuters.com/article/us-google-nest/google-to-acquire-nest-for-3-2-billion-in-cash-idUSBREA0C1HP20140113 (archived at https://perma.cc/5GGK-CLLF); Team, T (2014) Google's strategy behind The $3.2 billion acquisition of Nest Labs, *Forbes* [online] https://www.forbes.com/sites/greatspeculations/2014/01/17/googles-strategy-behind-the-3-2-billion-acquisition-of-nest-labs/#79c2d20a1d45 (archived at https://perma.cc/TG6F-G265)

3 Schaeffer, E and Sovie, D (2019) *Reinventing the Product: How to transform your business and create value in the digital age*, Kogan Page, London

4 Accenture; all prices from Home Depot, correct at time of writing

5   Business Wire (2018) The smart home is creating frustrated consumers: more than 1 in 3 US adults experience issues setting up or operating a connected device [online] https://www.businesswire.com/news/home/20180130005463/en/Smart-Home-Creating-Frustrated-Consumers-1-3 (archived at https://perma.cc/XNF7-C42T)

6   Liu, J (2019) Many smart home users still find DIY products difficult to manage, *asmag* [online] https://www.asmag.com/showpost/28346.aspx (archived at https://perma.cc/D6R5-RA7L)

7   Accenture (nd) Putting the human first in the Future Home [online] https://www.accenture.com/_acnmedia/PDF-98/Accenture-Putting-Human-First-Future-Home.pdf#zoom=50 (archived at https://perma.cc/4JVZ-ADU9)

8   Line 1: Cisco WiFi – https://www.cisco.com/c/en/us/solutions/collateral/enterprise-networks/802-11ac-solution/q-and-a-c67-734152.html (archived at https://perma.cc/K9PB-KCZY); Line 3: 3GPP Release 15 – https://www.3gpp.org/release-15 (archived at https://perma.cc/ZG87-VJCA); Line 4: 3GPP LTE Specs – https://www.3gpp.org/technologies/keywords-acronyms/97-lte-advanced (archived at https://perma.cc/G5S8-E9ZT)

9   IEEE Spectrum (nd) 3GPP Release 15 Overview: 3rd Generation Partnership Project (3GPP) members meet regularly to collaborate and create cellular communications standards [online] https://spectrum.ieee.org/telecom/wireless/3gpp-release-15-overview (archived at https://perma.cc/5KGQ-DXRL)

10   Accenture; based on Global System for Mobile Communications (GSM) and 3GPP standards:
     · 1G – Advanced Mobile Phone System, Nordic Mobile Telephone, Total Access Communications System, TZ-801, TZ-802, and TZ-803
     · 2G – 3GPP Phase 1
     · 3G – 3GPP Release 99
     · 4G – 3GPP Release 8
     · 5G – 3GPP Release 15

11   Vespa, H (2018) The graying of America: more older adults than kids by 2035, *United States Census Bureau* [online] https://www.census.gov/library/stories/2018/03/graying-america.html (archived at https://perma.cc/PE28-S246)

12   Arandjelovic, R (nd) 1 million IoT devices per square Km – are we ready for the 5G transformation? *Medium* [online] https://medium.com/clx-forum/1-million-iot-devices-per-square-km-are-we-ready-for-the-5g-transformation-5d2ba416a984 (archived at https://perma.cc/9TKK-N6BD)

13   GSMA (nd) What is eSIM? [online] https://www.gsma.com/esim/about/ (archived

at https://perma.cc/YRC5-8NB2)

14 GSMA (nd) eSIM [online] https://www.gsma.com/esim/ (archived at https://
perma.cc/YRC5-8NB2)

5장. 개인정보 보호와 보안: 5G 퓨처홈이 넘어야 할 두 개의 산

1 Accenture (2018) How the U.S. wireless industry can drive future economic value
[online] https://www.accenture.com/us-en/insights/strategy/wireless-industry-
us-economy (archived at https://perma.cc/AN4Z-AXLF)

2 Accenture (nd) The race to the smart home, p. 10 [online] https://www.
accenture.com/_acnmedia/pdf-50/accenture-race-to-the-smart-home.pdf
(archived at https://perma.cc/Z7ZK-BGCB)

3 Whittaker, J (2018) Judge orders Amazon to turn over Echo recordings in double
murder case, *Techcrunch* [online] https://techcrunch.com/2018/11/14/amazon-
echo-recordings-judge-murder-case/ (archived at https://perma.cc/W7P6-5976)

4 Harvard Law Review (2018) Cooperation or resistance?: The role of tech
companies in government surveillance [online] https://harvardlawreview.
org/2018/04/cooperation-or-resistance-the-role-of-tech-companies-in-
government-surveillance/ (archived at https://perma.cc/T3G8-ZN3V)

5 Whittaker, Z (2018) Amazon turns over record amount of customer data to US
law enforcement, *ZDNet* [online] https://www.zdnet.com/article/amazon-turns-
over-record-amount-of-customer-data-to-us-law-enforcement/ (archived at
https://perma.cc/2MDN-X4BJ)

6 Accenture (2017) Cost of cyber crime study [online] https://www.accenture.
com/t20170926t072837z__w__/us-en/_acnmedia/pdf-61/accenture-2017-
costcybercrimestudy.pdf (archived at https://perma.cc/Y88J-FRK3)

7 Pascu, L (2019) Millennials least likely to trust smart devices, Accenture finds,
Bitdefender [online] https://www.bitdefender.com/box/blog/smart-home/
millennials-least-likely-trust-smart-devices-accenture-finds/ (archived at
https://perma.cc/KX2B-2XF4)

8 Accenture (nd) Securing the digital economy [online] https://www.accenture.
com/se-en/insights/cybersecurity/_acnmedia/thought-leadership-assets/pdf/
accenture-securing-the-digital-economy-reinventing-the-internet-for-trust.
pdf#zoom=50 (archived at https://perma.cc/WWY7-VLVU)

9 Accenture (2018) Building pervasive cyber resilience now [online] https://www.
accenture.com/_acnmedia/pdf-81/accenture-build-pervasive-cyber-resilience-

now-landscape.pdf#zoom=50 (archived at https://perma.cc/5X68-A8RJ)

10 Ibid

11 Accenture (nd) Digital trust in the IoT era [online] https://www.accenture.
    com/_acnmedia/accenture/conversion-assets/dotcom/documents/global/pdf/
    dualpub_18/accenture-digital-trust.pdf#zoom=50 (archived at https://perma.cc/
    W4HV-2AVS)

12 Accenture (2018) Gaining ground on the cyber attacker: 2018 state of cyber
    resilience [online] https://www.accenture.com/_acnmedia/pdf-76/accenture-
    2018-state-of-cyber-resilience.pdf#zoom=50 (archived at https://perma.
    cc/3AVB-PH73)

13 Wi-Fi Alliance (nd) Certification [online] https://www.wi-fi.org/certification
    (archived at https://perma.cc/6ZZN-BHFZ)

14 Perkins Coie (1029) Regulating the security of connected devices: Are you ready?
    [online] https://www.perkinscoie.com/en/news-insights/regulating-the-security-
    of-connected-devices-are-you-ready.html (archived at https://perma.cc/6B3C-
    HKUU)

15 Accenture (nd) Ready, set, smart: CSPs and the race to the smart home [online]
    https://www.accenture.com/se-en/smart-home (archived at https://perma.cc/
    KA9C-W2JZ)

16 Accenture (nd) The race to the smart home: why communications service
    providers must defend and grow this critical market, p. 6 [online] https://www.
    accenture.com/_acnmedia/pdf-50/accenture-race-to-the-smart-home.pdf
    (archived at https://perma.cc/Z7ZK-BGCB)

17 Accenture (nd) The race to the smart home: Why Communications Service
    Providers must defend and grow this critical market [online] https://www.
    accenture.com/_acnmedia/pdf-50/accenture-race-to-the-smart-home.pdf
    (archived at https://perma.cc/8JV8-LHAF)

18 Accenture (nd) Securing the digital economy [online] https://www.accenture.
    com/_acnmedia/thought-leadership-assets/pdf/accenture-securing-the-
    digital-economy-reinventing-the-internet-for-trust.pdf (archived at https://
    perma.cc/P7E8-3VNK)

6장. 퓨처홈 생태계 건설자의 부상

1   Gleeson, D (2019) Smart home devices and services forecast: 2018–2023, Ovum
    [online] https://ovum.informa.com/resources/product-content/smart-home-

devices-and-services-forecast-201823-ces004-000076 (archived at https://
perma.cc/G8RM-W736)

2   Accenture (2019) Reshape to Relevance: 2019 Digital Consumer Survey, p.
2 [online] https://www.accenture.com/_acnmedia/pdf-93/accenture-digital-
consumer-2019-reshape-to-relevance.pdf (archived at https://perma.cc/7GUJ-
GZ3F)

3   Accenture (nd) The race to the smart home: why communications service
providers must defend and grow this critical market, p. 9 [online] https://www.
accenture.com/_acnmedia/pdf-50/accenture-race-to-the-smart-home.pdf
(archived at https://perma.cc/Z7ZK-BGCB)

4   Wilson, C (2017) CenturyLink using AI to boost sales efficiency, Light Reading
[online] http://www.lightreading.com/automation/centurylink-using-ai-to-boost-
sales-efficiency/d/d-id/735575 (archived at https://perma.cc/87XG-TRQD)

5   Cramshaw, J (nd) AI in telecom operations: opportunities & obstacles, *Guavus*
[online] https://www.guavus.com/wp-content/uploads/2018/10/AI-in-Telecom-
Operations_Opportunities_Obstacles.pdf (archived at https://perma.cc/5G98-
PAC4); Hopwell, J (2018) Mobile World Congress: Telefonica launches Aura,
announces Movistar Home, *Variety* [online] https://variety.com/2018/digital/
global/mobile-world-congress-telefonica-aura-movistar-home-1202710220/
(archived at https://perma.cc/VX6G-MBNE)

6   Accenture (nd) Intelligent automation at scale : what's the hold up? p. 5 [online]
https://www.accenture.com/_acnmedia/pdf-100/accenture-automation-at-
scale-pov.pdf (archived at https://perma.cc/N23G-E2Q2)

7   Accenture (nd) Future ready: intelligent technology meets human ingenuity to
create the future telco workforce, p. 8 [online] https://www.accenture.com/_
acnmedia/pdf-93/accenture-5064a-future-ready-ai-pov-web.pdf#zoom=50
(archived at https://perma.cc/5KU2-4MVC)

8   For more background on the Pervasive Network see here: https://www.
accenture.com/_acnmedia/pdf-81/accenture-network-capturing-promise-
pervasive-pov-june-2018.pdf#zoom=50 (archived at https://perma.cc/X7ZH-
DML4)

7장. 새롭게 떠오르는 퓨처홈 비즈니스 모델

1   Weidenbrück, M (2017) Hello Magenta! With Smart Speaker, your home listens
to your command, *Telekom* [online] https://www.telekom.com/en/media/media-

information/consumer-products/with-smart-speaker-your-home-listens-to-your-command-508276 (archived at https://perma.cc/959R-2BN2); Orange (2019) Orange launches the voice assistant Djingo to make its customers' everyday lives easier [online] https://www.orange.com/en/Press-Room/press-releases/press-releases-2019/Orange-launches-the-voice-assistant-Djingo-to-make-its-customers-everyday-lives-easier (archived at https://perma.cc/DJX6-QGR4); Morris, I (2018) Djingo Unchained: Orange, DT take AI fight to US tech giants, *Light Reading* [online] https://www.lightreading.com/artificial-intelligence-machine-learning/djingo-unchained-orange-dt-take-ai-fight-to-us-tech-giants/d/d-id/748249 (archived at https://perma.cc/3KC7-JJN8)

2 Japan Times (2019) NTT Docomo to discontinue decades-old i-mode, world's first mobile internet service, in 2026 [online] https://www.japantimes.co.jp/news/2019/10/29/business/tech/ntt-docomo-discontinue-decades-old-mode-worlds-first-mobile-internet-service-2026/#.Xe0KfzNKg2w (archived at https://perma.cc/KUU9-B7WP); bnamericas (2017) Analysis: Why is Telefônica shutting down Terra? [online] https://www.bnamericas.com/en/news/analysis-why-is-telefonica-shutting-down-terra (archived at https://perma.cc/8P37-G7DD); *manager magazin* (2015) Ströer kauft T-Online, Telekom wird Großaktionär [online] https://www.manager-magazin.de/digitales/it/stroeer-kauft-t-online-a-1047997.html (archived at https://perma.cc/4FT6-2REB)

3 Lee, J (2019) Celebrating 100,000 Alexa Skills –100,000 thank yous to you, *Amazon* [online] https://developer.amazon.com/blogs/alexa/post/c2d062ff-17b3-47f6-b256-f12c7e20f594/congratulations-alexa-skill-builders-100-000-skills-and-counting (archived at https://perma.cc/YAR2-45XP); Kinsella, B (2018) Amazon now has more than 50,000 Alexa Skills in the U.S. and it has tripled the rate of new skills added per day, *voicebot.ai* [online] https://voicebot.ai/2018/11/23/amazon-now-has-more-than-50000-alexa-skills-in-the-u-s-and-it-has-tripled-the-rate-of-new-skills-added-per-day/ (archived at https://perma.cc/5NVC-LKX9)

4 Accenture (2018) Accenture to help Swisscom enhance its customer experience [online] https://newsroom.accenture.com/news/accenture-to-help-swisscom-enhance-its-customer-experience.htm (archived at https://perma.cc/S89N-DSZQ)

5 Telia (nd) Smart Family [online] https://www.telia.fi/kauppa/kodin-netti/smart-family (archived at https://perma.cc/BTP5-2KC7)

6 Dayaratna, A (2018) IDC's Worldwide Developer Census, 2018: Part-time developers lead the expansion of the global developer population, IDC [online] https://www.idc.com/getdoc.jsp?containerId=US44363318 (archived at https://perma.cc/G45A-7PB4)

7 Herscovici, D (2017) Comcast closes Icontrol acquisition and plans to create a center of excellence for Xfinity Home, *Comcast* [online] https://corporate.comcast.com/comcast-voices/comcast-closes-icontrol-acquisition (archived at https://perma.cc/33RM-ETVR); Qivicon [online] https://www.qivicon.com/en/ (archived at https://perma.cc/H6E9-GUW6)

8장. 퓨처홈 생태계를 위한 유인책 마련

1 Eclipse (2018) Smart Home Day (@Eclipsecon Europe 2018 [online] https://www.eclipse.org/smarthome/blog/2018/10/29/smarthomeday.html (archived at https://perma.cc/LJR6-YLGC)

2 Schüßler, A (2020) LinkedIn post [online] https://www.linkedin.com/posts/axel-schuessler-17406182_iot-developers-openhab-activity-6620611740122046464-bW4n/ (archived at https://perma.cc/8J9U-TZH3)

3 Das, S (2016) IoT standardization: problem of plenty? *CIO&Leader* [online] https://www.cioandleader.com/article/2016/02/09/iot-standardization-problem-pleny (archived at https://perma.cc/352C-HM6X)

4 Web of Things working group [online] https://www.w3.org/WoT/WG/ (archived at https://perma.cc/24HE-7WCU)

5 Ibid

6 Ibid

9장. 퓨처홈으로 가는 길

1 Long, J, Roark, C and Theofilou, B (2018) The Bottom Line on Trust, Accenture [online] https://www.accenture.com/us-en/insights/strategy/trust-in-business (archived at https://perma.cc/D57X-RUXU)

옮긴이 이종민

연세대학교 국어국문학과를 졸업하고 일간스포츠와 스포츠투데이에서 스포츠 현장을 취재하는 기자로 일했다. 현재 한국원자력연구원에서 근무 중으로 글밥아카데미를 수료하고 바른번역 소속 번역가로 활동하고 있다. 옮긴 책으로는《일터의 품격》,《Z세대 부모를 위한 SNS 심리학》,《3분 룰, 원하는 것을 얻는 말하기의 기술》등이 있다.

감수자 마이클 강 Michael Kang

삼성SDS, KT, SKT 등 다양한 IT 업체에서 클라우드 플랫폼, IoT, 5G 등 다수의 프로젝트를 진행했다. 특히 네트워크 기반으로 데이터를 수집하여 AI, ML을 통해 인간의 삶의 질을 높이는 서비스에 관심이 많으며, 데이터를 통해 미래가 바뀔 것이라 생각하는 한 사람이다.
e-mail: iskang@outlook.com

퓨처홈

초연결 시대의 집, 새로운 시장을 열다

초판 1쇄 발행 2020년 10월 30일

지은이 제퍼슨 왕 · 조지 나치 · 보리스 마우러 · 아몰 파드케
옮긴이 이종민
펴낸이 성의현
펴낸곳 미래의창

편집주간 김성옥
편집 김효선
디자인 윤일란
마케팅 연상희 · 안대근 · 김지훈 · 이보경

등록 제10-1962호(2000년 5월 3일)
주소 서울시 마포구 잔다리로 62-1 미래의창빌딩(서교동 376-15, 5층)
전화 02-338-5175 **팩스** 02-338-5140
ISBN 978-89-5989-687-5 03320

※ 책값은 뒤표지에 있습니다. 잘못된 책은 서점에서 바꿔 드립니다.

이 도서의 국립중앙도서관 출판예정도서목록(CIP)은 서지정보유통지원시스템 홈페이지(http://seoji.nl.go.kr)와 국가자료공동목록시스템(http://www.nl.go.kr/kolisnet)에서 이용하실 수 있습니다.(CIP제어번호: CIP2020042243)

미래의창은 여러분의 소중한 원고를 기다리고 있습니다. 원고 투고는 미래의창 블로그와 이메일을 이용해주세요. 책을 통해 여러분의 소중한 생각을 많은 사람들과 나누시기 바랍니다.
블로그 miraebookjoa.blog.me 이메일 mbookjoa@naver.com